Yo y la supremacía blanca

LAYLA F. SAAD

Yo y la supremacía blanca

Lucha contra el racismo,
cambia el mundo y
sé un buen antepasado

Grijalbo

Título original:
Me and White Supremacy
Combat Racism, Change the World, and Become a Good Ancestor

Publicado bajo acuerdo con Folio Literary Management, LLC
e International Editors' Co

Primera edición: noviembre de 2020

© 2020, Layla F. Saad
© 2020, Penguin Random House Grupo Editorial USA, LLC.,
8950 SW 74th Court, Suite 2010
Miami, FL 33156

Traducción: Melanie Márquez Adams
Adaptación del diseño de portada de Sourcebooks:
Penguin Random House Grupo Editorial
Ilustración: ©Metamorphosa / AdobeStock

ISBN: 978-1-644732-88-5

Impreso en Estados Unidos – *Printed in USA*

Penguin
Random House
Grupo Editorial

Para Sam, Maya y Mohamed.
Gracias por amarme, por creer en mí
e inspirarme a ser un buen antepasado.

Los amo.
Esto es para ustedes.

Para dar forma a Dios
Con sabiduría y previsión
Para beneficiar tu mundo,
Tu gente,
Tu vida,
Considera las consecuencias,
Minimiza el daño,
Haz preguntas,
Busca respuestas,
Aprende,
Enseña.

Earthseed: Los libros
de los vivos I, verso 43

Octavia Butler, *Parábola de los talentos*
(Parable of the Talents)

Índice

Prólogo

POR ROBIN DIANGELO

«¡Muy bien!» dices. «¡Lo comprendo! ¿Y ahora, qué debo hacer?».

Soy una educadora antirracista blanca. Invariablemente, la pregunta número uno que me hace una persona blanca al final de una presentación es «¿Qué debo hacer?». Puede parecer una pregunta razonable, una vez que caes en cuenta de que eres cómplice de la supremacía blanca. Sin embargo, la pregunta es problemática. En primer lugar, es problemática porque creo que no es sincera. Habiendo dirigido programas de educación antirracista durante los últimos veinticinco años, constantemente constato que la mayoría de las personas blancas realmente no *quieren* saber qué hacer con respecto al racismo, si requiere algo que les resulte inconveniente o incómodo.

De hecho, hacer esta pregunta es con frecuencia una forma de mitigar o desviar los sentimientos de incomodidad racial. Mientras que para mí, como persona blanca, el statu quo racista me brinda comodidad prácticamente las 24 horas del día, los siete días de la semana, desafiar ese mismo statu quo es incómodo. Desarrollar la fortaleza racial requerida para desafiar el statu quo racista es, por lo tanto, una parte crítica de nuestro trabajo como personas blancas. Precipitarse hacia las soluciones, especialmente cuando apenas comenzamos a pensar críticamente sobre el problema, echa a un lado el trabajo personal y la reflexión necesarios y nos aleja de comprender nuestra propia complicidad. De hecho, el malestar racial es inherente a un examen auténtico de la supremacía blanca. Al evitar este malestar, se protege el *statu quo* racista.

Creer que tenemos derecho a respuestas simples también nos permite descartar la información si no recibimos respuestas («¡No nos dijo qué debemos hacer!»). Esto es especialmente arrogante cuando exigimos estas respuestas de personas negras, personas indígenas y personas de color (personas BIPOC por sus siglas en inglés). Básicamente estamos diciendo «Haz tú todo el trabajo y enfrenta los riesgos, y luego dame los frutos de tu trabajo. Yo me quedaré sentado y los recibiré sin correr ningún riesgo personal». ¿Y qué sucede cuando no nos gustan esas respuestas porque no son rápidas, convenientes o cómodas? ¿Qué sucede cuando las respuestas cuestionan la imagen que tenemos de nosotros mismos como individuos progresistas, de mente abierta, libres de todo condicionamiento racial? Tal y como las personas BIPOC han experimentado una y otra vez, cuando no estamos de acuerdo con las respuestas que hemos exigido, con demasiada frecuencia nos sentimos calificados para descartarlas.

La supremacía blanca es posiblemente el sistema social más complejo de los últimos siglos. ¡Si la respuesta fuera simplemente ser agradables y sonreír! Pero, por supuesto, no hay respuestas fáciles para acabar con la supremacía blanca.

En mi esfuerzo por responder la pregunta de qué se debe hacer, he comenzado a hacer la pregunta opuesta: «¿Cómo has conseguido no saber qué hacer?». En la era de Google y las redes sociales, la información sobre lo que las personas blancas pueden hacer sobre el racismo está en todas partes, y las personas BIPOC nos han estado diciendo lo que necesitan durante mucho tiempo. ¿Por qué no hemos buscado la información por nuestra cuenta? ¿Por qué no la hemos buscado, así como lo habríamos hecho para cualquier otro tema que nos interesa? Preguntar a las personas blancas por qué aún no saben la respuesta implica desafiar la apatía que he llegado a creer que la mayoría de la gente blanca siente a propósito de la supremacía blanca. Pero también es una pregunta sincera. Si hiciéramos una lista de por qué no sabemos qué debemos hacer, tendríamos una guía para seguir adelante. Nada en esa guía sería simple o fácil de cambiar, pero el cambio sería posible. La lista podría lucir más o menos así:

✦ No me educaron sobre temas de racismo.

✦ No hablo de racismo con otras personas blancas.

✦ No hablo de racismo con las personas de color en mi vida.

✦ No hay personas de color en mi vida.

✦ No quiero sentirme culpable.

✦ No me ha importado lo suficiente como para averiguarlo.

Layla F. Saad nos ha dado una hoja de ruta para abordar cada uno de estos puntos, así como para entender todas las dinámicas que he planteado, y más. Este libro es un regalo de compasión de parte de una brillante mujer negra dispuesta a guiarte a través de un examen profundo del condicionamiento racial blanco, al servicio de tu liberación. *Yo y la supremacía blanca* es un nuevo recurso extraordinario, un acto de amor hacia las personas blancas dispuestas a alinear lo que profesan valorar (igualdad racial) con su práctica real (acción antirracista). De manera clara y accesible, Saad ha respondido la pregunta. Ahora, cada vez que una persona blanca me pregunte: «¿Qué debo hacer?», mi respuesta va a incluir «Trabaja con este libro».

Bienvenidos al trabajo

Querido lector:

¿Cómo te sentiste la primera vez que leíste el título de este libro? ¿Te sorprendió? ¿Te confundió? ¿Te intrigó? ¿Te incomodó? ¿Tal vez todo lo anterior? Quiero comenzar asegurándote que todos esos sentimientos y más son completamente normales. Este es un libro simple y directo, pero no fácil. Bienvenidos al trabajo.

Soy Layla, y durante (¡al menos!) los próximos veintiocho días, te voy a guiar por un camino que te ayudará a explorar y comprender tu relación con la supremacía blanca. Este libro es una herramienta antirracista personal única en su tipo; está estructurado para ayudar a las personas que disfrutan del privilegio blanco a comprender y asumir su participación en el opresivo sistema de la supremacía blanca. Está diseñado para ayudarlas a asumir la responsabilidad de desmantelar las formas en que este sistema se manifiesta, tanto dentro de ellas mismas como en sus comunidades.

La fuerza principal que impulsa mi trabajo es un deseo apasionado de ser un buen antepasado. Mi propósito es ayudar a crear un cambio, facilitar la sanación y sembrar nuevas posibilidades para aquellos que vendrán después de que yo me haya ido. Este libro es una contribución a ese propósito. Es un recurso que espero que te ayude a hacer el trabajo interno y externo necesario para que seas también un buen antepasado. Para dejar este mundo mejor de lo que lo has encontrado. El sistema de supremacía blanca no fue creado por nadie que esté vivo hoy. Pero es mantenido y sostenido por todas aquellas personas que disfrutan del privilegio blanco, sin importar si así lo desean, o si están de acuerdo con él o no. Es mi deseo que este libro te ayude a cuestionar, desafiar y desmantelar este sistema que ha lastimado y asesinado a tantas personas negras, personas indígenas y personas de color (personas BIPOC, por sus siglas en inglés).

Este libro comenzó como un desafío gratuito de veintiocho días en Instagram, que luego se convirtió en un cuaderno de ejercicios gratuito en PDF descargado por casi noventa mil personas alrededor del mundo. Ahora está en tus manos como un libro publicado, que espero sirva como un compañero confiable que llevarás en tu (metafórica) mochila antirracista.

Este libro es parte educación y parte activación. Vas a ampliar tu comprensión intelectual acerca del racismo y la supremacía blanca, pero aún más importante, vas a hacer un trabajo individual para ayudar a desmantelar este sistema. Este libro te va a ayudar a tener una visión clara sobre los diferentes aspectos de la siempre multifacética supremacía blanca, y de cómo operan de manera sutil y directa dentro de ti y dentro de los demás. Actúa como un espejo para que puedas examinar la manera en la que has sido cómplice de un sistema intencionalmente diseñado para beneficiarte a través de privilegios no ganados, a expensas de las personas BIPOC. Este libro es para personas que están listas para hacer este trabajo, personas que desean crear un cambio en el mundo activando primero su propio cambio personal.

Estamos en un momento muy importante de la historia. A muchas personas blancas progresistas y liberales les gusta creer que estamos en un momento posracial. Pero lo cierto es que el racismo y la antinegritud están vivos. Más aún, siguen prosperando. Las personas BIPOC sufren diariamente los efectos de los colonialismos históricos y modernos. El nacionalismo derechista y antimusulmán está ganando popularidad en todo el mundo occidental. Y la antinegritud sigue siendo una forma de racismo que se puede encontrar en todo el mundo. Puede parecer que estamos en un momento de la historia en el que el racismo y la supremacía blanca están resurgiendo, pero la verdad es que nunca se fueron. Si bien es cierto que eventos históricos recientes, como las elecciones presidenciales de 2016 en Estados Unidos, han puesto estos temas en primer plano, la realidad es que estos problemas siempre han estado ahí. Y las personas BIPOC, en las sociedades y espacios dominados por las personas blancas, han sido víctimas de constantes discriminaciones, inequidades, injusticias y agresiones.

Las personas con privilegio blanco están hoy aprendiendo sobre dinámicas raciales y terminologías de justicia social como nunca antes. Están cayendo en cuenta de que su privilegio blanco los ha protegido de tener que comprender lo que significa navegar por el mundo como una persona BIPOC, y han comenzado a entender las formas en las que han causado daños involuntarios a las personas BIPOC, a través de agresiones raciales. Este libro está aquí para cambiar eso. Está aquí para despertarte, haciéndote ver y decir la verdad. Este trabajo no se trata de esas personas blancas «allá afuera».

Se trata de ti. Solo de ti.

Es importante que comprendas que este es un trabajo profundo, crudo, complicado y personal. Romperá tu corazón, pero también lo ensanchará. Este libro te desafiará de maneras las que no has sido desafiado antes. Pero estamos viviendo en tiempos difíciles. Hay mucho trabajo por hacer. Y el trabajo comienza siendo honesto contigo mismo, educándote, volviéndote más consciente de lo que realmente está sucediendo (y de cómo eres cómplice de ello) y sintiéndote incómodo al cuestionar tus principales paradigmas raciales. Si estás dispuesto a hacer eso, y si todos nos comprometemos a hacer el trabajo que tenemos que hacer, tenemos la oportunidad de crear un mundo y una forma de vida más cercanos a lo que todos deseamos para nosotros y para los demás.

Este trabajo suena abrumador, intimidante y poco gratificante. No te mentiré: lo es. Te abrumarás cuando comiences a descubrir las profundidades de tu supremacía blanca interiorizada. Te sentirás intimidado cuando comiences a darte cuenta de cómo este trabajo necesitará un cambio de proporciones sísmicas en tu vida. Te sentirás sin recompensa porque nadie te va a agradecer el que hayas hecho este trabajo. Pero si eres una persona que cree en el amor, la justicia, la integridad y la equidad para todas las personas, entonces sabes que hacer este trabajo no es negociable. Si eres una persona que quiere ser un buen antepasado, entonces sabes que este trabajo es uno de los trabajos más importantes que serás llamado a hacer en tu vida.

Por hacer lo que es correcto y no lo que es fácil.

Un poco sobre mí

Como vamos a pasar un tiempo bastante largo juntos haciendo un trabajo profundo y delicado, creo que es importante que sepas un poco sobre mí, tu guía, antes de comenzar.

Lo primero que debes saber sobre mí es que me encuentro en diversas intersecciones de identidad y experiencias al mismo tiempo. Soy una mujer negra. Más específicamente, soy una mujer negra de África Oriental y del Medio Oriente. Soy una mujer musulmana. Soy ciudadana británica. Vivo en Qatar. Y hablo, escribo y enseño a una audiencia global.

Mis padres emigraron al Reino Unido desde Zanzíbar y Kenia en la década de 1970, y allí se conocieron y se casaron. Mis dos hermanos menores y yo nacimos y pasamos los primeros años de nuestra infancia en Cardiff, Gales. Luego nos mudamos a Swindon, Inglaterra, y luego a Doha, Qatar, donde todavía vivo. Mi padre, que ahora se acerca a la jubilación, pasó toda su carrera navegando por el mundo como marinero. Viajaba a lugares lejanos y nos traía regalos e historias de otros países. Creo importante decir que él inculcó en mis hermanos y en mí la idea de ser ciudadanos del mundo. Esta idea de que no hay ningún lugar en el mundo al que no pertenezcamos, y de que no tenemos que limitarnos a los intentos de nadie por etiquetarnos o definirnos, me ha acompañado hasta el día de hoy. Mi increíble madre asumió la tarea hercúlea de ser padre y madre para mis hermanos y para mí durante los largos meses en que mi padre trabajaba en el mar. Ella se dedicó a crear un ambiente en nuestro hogar donde nuestra identidad cultural y nuestras creencias religiosas fueron cultivadas y practicadas. El fundamento amoroso que ella construyó durante nuestra infancia todavía se mantiene fuerte hoy.

Y, sin embargo, cada vez que salíamos de la casa, cada vez que íbamos a la escuela, cada vez que veíamos televisión, cada vez que nos conectábamos con el resto del mundo, estábamos interactuando con la supremacía blanca. Todos los días, de maneras sutiles y no tan sutiles, se nos recordaba que éramos el «otro». Que éramos menos que los que tenían privilegio blanco. Puedo contar con los dedos de una mano la cantidad de veces que experimenté un racismo evidente. Pero ese otro racismo, el sutil, sí que lo sentí a diario, de innumerables maneras. Y esos mensajes indirectos —desde ser tratada de manera ligeramente diferente por los maestros de la escuela, pasando por casi nunca ver personajes de ficción o representaciones mediáticas que se parecieran a mí, o comprender que tendría que trabajar mucho más duro que mis compañeros blancos para recibir el mismo trato, hasta entender que mis necesidades no eran una prioridad (¿por qué nunca podía encontrar una base que complementara exactamente mi tono de piel mientras que mis amigas blancas siempre podían hacerlo?)— pintaron una imagen indeleble en mi mente. Una imagen que me enseñó que las niñas negras como yo no importaban en un mundo blanco. Pasaré el resto de mi vida luchando contra esta imagen y pintando una nueva que refleje la verdad: las niñas negras importan. En todas partes.

A lo largo de mi vida, he vivido en tres continentes diferentes: Europa, África y Asia. He pasado poco más de la mitad de ese tiempo viviendo fuera del mundo occidental, pero eso no significa que los efectos de la supremacía blanca no continuaran afectándome. Quiero dejar muy en claro que, aunque soy una mujer musulmana negra, también disfruto de muchos privilegios. No vivo en una sociedad supremacista blanca. La religión que practico es la religión nacional del país en el que vivo. Mis privilegios son socioeconómicos, cisgénero, heterosexuales, de capacidad física, neurotípicos y educativos. No he experimentado ni puedo hablar de la profundidad del dolor que las personas negras que son descendientes de personas esclavizadas en toda la diáspora experimentan a través del racismo. Al vivir en el Medio Oriente, no estoy expuesta a la experiencia más directa de racismo institucional a la que mis hermanos más jóvenes y mi sobrina y sobrino están expuestos, viviendo en el Reino Unido. Sin embargo, la infancia que tuve al crecer como una niña musulmana negra en una sociedad cristiana primordialmente blanca impactó mi desarrollo y el concepto que tenía de mí misma de manera negativa. Y como adulta, en Internet, donde más del 50 por ciento de la población mundial pasa su tiempo y donde yo hago mi trabajo, estoy expuesta a la supremacía blanca todos los días.

Como alguien que comparte su trabajo con una audiencia global (la mayoría de mis lectores y oyentes de *podcasts* están en Norteamérica, Europa, Australia y Nueva Zelanda), enfrento la inevitable fragilidad blanca que implica ser una mujer musulmana negra con una voz. No vivir en un país occidental no me protege de recibir correos electrónicos o mensajes de redes sociales abusivos, solo por hacer el trabajo que hago.

Pero, aun así, es posible que te estés preguntando, «¿Por qué tú?».

Como alguien que no vive en una sociedad dominada por personas blancas y que no lleva a cuestas un linaje de los horrores de la esclavitud de mis antepasados, ¿por qué he elegido escribir este libro y facilitar este trabajo? ¿Por qué desmantelar la supremacía blanca es tan importante para mí?

Me importa porque soy una mujer negra. Mi trabajo nace tanto del dolor como del orgullo de ser una mujer negra. Es doloroso para mí saber cómo ven y tratan a las personas BIPOC como yo debido al color de nuestra piel. Al mismo tiempo, me siento increíblemente orgullosa de esgrimir la plenitud de lo que soy como mujer negra y de apoyar a otras personas BIPOC a hacer lo mismo, desmantelando el sistema que nos ha impedido hacerlo.

Hago este trabajo porque la supremacía blanca ha impactado negativamente cómo me veo a mí misma y cómo me ve y me trata el mundo. Hago este trabajo porque la supremacía blanca tendrá un impacto negativo en mis hijos y en mis descendientes, porque afectará cómo se ven a sí mismos y cómo el mundo los verá y tratará. Hago este trabajo porque pertenezco a la familia global de la diáspora africana, y me duele que las personas negras de todo el mundo sean tratadas como inferiores debido al color de nuestra piel. Hago este trabajo porque la gente de color de todas partes merece ser tratada con dignidad y respeto —algo de lo que la supremacía blanca los despoja. Hago este trabajo porque tengo una voz, y es mi responsabilidad usar mi voz para desmantelar un sistema que me ha causado daño y que causa daño a las personas BIPOC todos los días. Hago este trabajo porque fui llamada a hacerlo y respondí a ese llamado.

Los conceptos que he reunido en este libro nacen de mis propias experiencias personales (tanto de niña como de adulta, independientemente de dónde haya vivido físicamente en el mundo). Y se profundizan e ilustran a partir de ejemplos de experiencias que he presenciado, contextos históricos, momentos culturales, literatura de ficción y noficción, los medios de comunicación y más. Solo soy una mujer musulmana negra contribuyendo con todo el trabajo y el esfuerzo de personas BIPOC mucho más valientes y que han arriesgado mucho más que yo en todo el mundo, durante siglos, para desmantelar la supremacía blanca. El privilegio de poder contribuir a este cuerpo de trabajo global y colectivo es un honor que me llena de humildad.

Espero que este trabajo —una combinación de aprendizaje y de escritura reflexiva en un diario personal— genere un cambio profundo en ti que ayude a crear un mundo sin supremacía blanca.

¿En qué consiste la supremacía blanca?

La supremacía blanca es una ideología racista que se basa en la creencia de que las personas blancas son superiores en muchos aspectos a las personas de otras razas y que, por lo tanto, deben dominarlas.[1] La supremacía blanca no es solo una actitud o una forma de pensar. También se extiende a la manera en que los sistemas e instituciones están estructurados para mantener este dominio blanco. Para los propósitos de este libro, solo vamos a explorar y examinar cómo se manifiesta la supremacía blanca a nivel personal e individual. Sin embargo, dado que muchos individuos crean y mantienen sistemas e instituciones, espero que en la medida en que más personas hagan su propio trabajo interior, se produzca un efecto dominó que facilite un cambio en la forma en la que supremacía blanca se mantiene en el mundo. Por lo tanto, este trabajo no se trata de cambiar solamente la apariencia de las cosas, sino de cómo ocurren realmente: de adentro hacia afuera, una persona, una familia, un negocio y una comunidad a la vez.

Quizás te preguntes por qué he elegido usar el término *supremacía blanca* para este libro y no algo más sutil o menos controvertido como *Yo y el privilegio blanco* o *Yo y el prejuicio inconsciente* ¡Ciertamente habría hecho que comprar este libro en la librería o compartirlo con tu familia y amigos fuese menos incómodo! La gente muchas veces piensa que la supremacía blanca es un término que solo se usa para describir a personas de extrema derecha y neonazis. Sin embargo, esta idea de que la supremacía blanca solo se aplica a personas supuestamente malas es tanto incorrecta como peligrosa, porque refuerza la idea de que la supremacía blanca es una ideología que solo es respaldada por un grupo marginal de personas blancas. La supremacía blanca está lejos de ser marginal. En las sociedades y comunidades en las que prevalece el etnocentrismo blanco, es el paradigma dominante que forma la base a partir de la cual se crean normas, reglas y leyes.

Muchas personas blancas escuchan las palabras *supremacía blanca* y piensan "eso no es conmigo". Suponen no creer en tal supremacía, sino en que todos somos iguales. Asumen que no modifican la manera en la que tratan a las personas en función del color de su piel. Sin embargo, lo que este libro, que es una herramienta de autorreflexión profunda, te ayudará a entender es que eso no es cierto. La supremacía blanca es una ideología, un paradigma, un sistema institucional y una visión del mundo en la que has nacido en virtud de tu privilegio blanco. No estoy hablando de que el color físico de tu piel sea intrínsecamente malo o algo por lo que debas sentir vergüenza. Me refiero a la legislación histórica y moderna, al condicionamiento social y la institucionalización sistémica de la construcción de que las personas blancas son inherentemente superiores a las personas de otras razas. Sí, los sistemas de opresión racistas externos como el cautiverio, el *apartheid* y la discriminación racial en el empleo se han vuelto ilegales. Pero la discriminación sutil y manifiesta, la marginación, el abuso y el asesinato de personas BIPOC en comunidades dominadas por personas blancas continúa aún en el presente porque la supremacía blanca sigue siendo el paradigma dominante bajo el cual operan las sociedades blancas.

Por lo tanto, debemos llamar a las cosas por su nombre.

Debemos mirar directamente a las formas en que esta ideología racista de la supremacía blanca, esta idea de que lo blanco es mejor, superior, más digno, más creíble, más merecedor y más valioso perjudica activamente a cualquiera que no disfruta de este privilegio blanco. Si estás dispuesto a atreverte a mirar la supremacía blanca a los ojos y verte reflejado, estarás mejor equipado para desmantelarlo dentro de ti y dentro de tus comunidades.

La supremacía blanca es un sistema en el que has nacido. Lo sepas o no, es un sistema que te ha otorgado privilegios, protección y poder no ganados. También es un sistema que ha sido diseñado para mantenerte dormido y sin darte cuenta de lo que tener ese privilegio, esa protección y ese poder ha significado para las personas que no se parecen a ti. Lo que recibes por tu color de piel tiene un alto costo para aquellos que no son blancos. Esto puede asquearte y hacerte sentir culpa, enojo y frustración. Pero no puedes cambiar tu color de piel para dejar de recibir estos privilegios, al igual que las personas BIPOC no pueden cambiar su color de piel para dejar de ser racialmente discriminados. Pero lo que *puedes* hacer es despertar y entender lo que realmente está sucediendo. Te invito a desafiar tu complicidad con este sistema y a trabajar para desmantelarlo dentro de ti y del mundo.

¿Para quién es este trabajo?

Este trabajo es para cualquier persona que disfrute del privilegio blanco. Cuando digo *cualquier persona*, me refiero a personas de cualquier identidad de género, incluidas las personas de género no conforme, y por *quien disfruta del privilegio blanco*, me refiero a las personas que son identificables visualmente como blancas, o que pasan por blancas. Por lo tanto, esto incluye a personas birraciales, multirraciales o personas de color que pasan por blancas y que en consecuencia se benefician bajo los sistemas de supremacía blanca, al tener un color de piel más claro que las personas visiblemente marrones, negras o indígenas.

Nota importante para personas birraciales, multirraciales y personas de color que tienen privilegio blanco: este trabajo también es para ti. Sin embargo, tu experiencia al hacer este trabajo será muy diferente de las experiencias de las personas blancas que no son birraciales, multirraciales o personas de color. Si bien recibes los beneficios del privilegio blanco por ser de piel más clara o por pasar por una persona blanca, eso no significa que hayas tenido las mismas experiencias de una persona blanca. Es posible que tengas padres u otros antepasados blancos. O tal vez no seas una persona blanca en absoluto, sino que eres una persona de piel más clara, que pasa por blanca o que se identifica como blanca. Tu privilegio blanco ni borra ni minimiza tus otras identidades o experiencias. Entonces, si bien es importante que hagas el trabajo para que entiendas la supremacía blanca y el privilegio blanco que has internalizado, deberás ajustar las preguntas para que se adapten mejor a tus experiencias como persona con privilegio blanco, pero que no es blanca. Dependiendo de tu privilegio blanco específico, algunas preguntas del diario te harán reflexionar más que otras. Encontrarás que algunas preguntas del diario serán más directamente aplicables a ti.

También es importante que sepas que este trabajo provocará algunos sentimientos complejos en torno a la opresión que has internalizado contra ti mismo y tus identidades marginadas, y sobre cómo has sido también oprimido por un sistema que solo te beneficia en la medida en la que puedas mostrarte o pasar como blanco y discriminar a las personas negras.

Es probable que este trabajo provoque muchas emociones conflictivas, tales como vergüenza, confusión, miedo, enojo, remordimiento, dolor y ansiedad. Este trabajo sacará a relucir dinámicas que han causado daño a ti o a otros en tus relaciones familiares, amistades, relaciones románticas o relaciones laborales. Por favor, prioriza tu cuidado personal a medida que avances en este trabajo. No lo uses como una excusa para no hacer el trabajo de manera sustancial, pero al mismo tiempo, hónrate a ti mismo y a los diferentes sentimientos que aparezcan en torno a tus identidades. No uses este trabajo para recriminarte; úsalo para cuestionar tu complicidad en un sistema de privilegios que solo está diseñado para beneficiarte en la medida en la que puedas ajustarte a las reglas de la "blanquitud".

Lo que vas a necesitar para hacer este trabajo

Necesitará tres cosas para este trabajo:

tu verdad
tu amor
tu compromiso

TU VERDAD

Este es un trabajo de y con verdad. Di la verdad, tan profundamente como puedas. Ni la esquives ni te quedes rozando su superficie. Este trabajo te llevará a mayores profundidades mientras más digas la verdad. Lo que obtengas de este trabajo dependerá lo que inviertas. Si te quedas en la superficie, lo que recibirás de este trabajo (y, en consecuencia, la práctica antirracista que entregarás al mundo) será superficial. Si profundizas, si cuentas las verdades reales, crudas y feas para que puedas llegar al núcleo de tu opresión internalizada, lo que obtengas de este trabajo y entregues al mundo será más que transformador.

Lo más importante es recordar que este trabajo no es un ejercicio intelectual o un experimento de pensamiento mental. Cuando hablamos de racismo, estamos hablando de la vida de las personas. Este no es un libro de desarrollo personal diseñado para hacerte sentir bien contigo mismo. Es probable que, al hacer este trabajo de manera consistente, encuentres algún nivel de sanación personal. Sin embargo, quiero dejar muy claro que este no es el propósito de este trabajo. El propósito es la sanación y la restauración de la dignidad de las personas BIPOC. Este trabajo está diseñado para ayudarte a ser y actuar mejor en beneficio de las personas BIPOC en tus comunidades, y eso requiere que digas la verdad con integridad y profundidad. Cuando no dices la verdad tan profundamente como puedes, te engañas a ti mismo privándote de tu propio crecimiento, engañas a las personas BIPOC privándolas de tu apoyo aliado, y demuestras que no estás realmente comprometido a desmantelar la supremacía blanca en ti y, por lo tanto, en el mundo.

TU AMOR

Este es un trabajo de amor. El amor es una de esas palabras difíciles de definir. Pero en el contexto de este trabajo, esto es lo que significa para mí: significa que haces este trabajo porque crees en algo más grande que tu propio beneficio. Significa que haces este trabajo porque crees que todo ser humano merece dignidad, libertad e igualdad. Significa que haces este trabajo porque deseas integridad para ti y para el mundo. Significa que haces este trabajo porque quieres ser un buen antepasado. Significa que haces este trabajo porque el amor para ti no es sólo una palabra sino también una acción. Significa que haces este trabajo porque ya no quieres causar daño intencional o involuntariamente a las personas BIPOC.

También necesitarás amor durante este camino, porque cuando la verdad sea muy difícil, necesitarás algo más poderoso que el dolor y la vergüenza para alentarte a continuar. El dolor y la vergüenza no son deseables ni sostenibles como estrategias a largo plazo para el cambio. Abrigo la esperanza de que sea el amor lo que inicialmente te acercó a este trabajo. Es mi convicción de que el amor es lo que te motivará a seguir adelante.

TU COMPROMISO

Este es un trabajo de compromiso. Es trabajo duro. No hay forma de endulzarlo. La supremacía blanca es un mal. Es un sistema de opresión que ha sido diseñado para brindarte beneficios a expensas de las vidas de las personas BIPOC, y está viviendo dentro de ti en forma de pensamientos y creencias inconscientes. El proceso de examinarlo y desmantelarlo será necesariamente doloroso. Se sentirá como si te despertaras con un virus que ha estado viviendo dentro de ti todos estos años y que nunca supiste que estaba allí. Y cuando comiences a interrogarlo, luchará para protegerse y mantener su posición.

No hay nada que yo pueda hacer para protegerte de eso. No hay redes de seguridad, ni atajos, ni rutas más fáciles. Querrás cerrar el libro, huir y fingir que nunca has oído hablar de mí. Querrás culparme, gritarme, desacreditarme y enumerar todas las razones por las que eres una buena persona y por las que no necesitas hacer este trabajo.

Esa es una respuesta normal. De hecho, es de esperar que así sea. Es la respuesta de la fragilidad blanca y la antinegritud que yace dentro. Debes comprender esto antes de comenzar. Debes comprender que esto es lo que puedes anticipar que ocurra. Y debes decidir ahora, antes de comenzar, y luego nuevamente mientras vas haciendo el trabajo, que te mantendrás comprometido de todas formas. Tienes que decidir cuál será el ancla que te mantenga comprometido con este trabajo, ya sea un compromiso con la antiopresión y la dignidad de las personas BIPOC, tu compromiso con tu propia sanación, tu compromiso de ser un mejor amigo o miembro de familia para las personas BIPOC, o tu compromiso con tus propios valores personales o espirituales. Decide ahora, antes de comenzar, qué te ayudará a mantenerte comprometido con este trabajo cuando las cosas se pongan difíciles.

Lo que me motiva a seguir adelante es mi compromiso con la verdad, el amor y ser un buen antepasado.

Cómo utilizar este libro

Aquí tienes algunos consejos para usar este libro como un viaje en el que te guías a ti mismo.

Lleva un diario

Este es un libro que está diseñado no solo para que lo leas sino para que lo trabajes. La mejor manera de hacerlo es llevar un diario para que trabajes en las reflexiones de cada jornada. Querrás consultar las notas de tu diario una y otra vez a medida que realices el trabajo de antirracismo a lo largo de tu vida.

Ve a tu propio ritmo

Aunque ha sido diseñado como un desafío de veintiocho días, no tienes que completar este trabajo en ese tiempo. Puedes leer este libro a tu propio ritmo, tan rápido o tan lento como elijas. Recuerda que no es una carrera sino un camino.

No generalices

Cuando respondas las reflexiones sugeridas, no lo hagas pensando en las personas blancas "en general". No hables de las personas blancas como si tú no lo fueras, o como si no te beneficiaras del privilegio blanco. Recuerda que este libro se trata de tus propios pensamientos, experiencias y creencias personales, no de los de otras personas.

La primera vez, trabaja en orden

Si es la primera vez que trabajas en este libro, te sugiero que lo hagas en orden, ya que cada reflexión se basa en la anterior.

Después de la primera vez, trabaja intuitivamente

Después de completar los veintiocho días, puedes regresar y usar este libro intuitivamente o de la manera que mejor funcione para ti. Puedes comenzar de nuevo desde el Día 1, o puedes revisar páginas específicas dependiendo de qué aspecto particular de la supremacía blanca se te presente para explorar en ese momento.

Trabaja solo o en grupo

Puedes usar este libro solo o con un grupo de personas que también estén haciendo este trabajo. Consulta la sección de Recursos al final de este libro para obtener una guía más específica sobre cómo hacer este trabajo en grupo con un círculo de lectores de *Yo y la supremacía blanca* (página 246).

Sigue haciendo preguntas

A medida que avanzas en el libro respondiendo cada pregunta lo mejor que puedas, profundiza preguntándote cuándo, cómo y por qué. Por ejemplo: ¿Cuándo reacciono de esta manera? ¿Cuándo surgen estos pensamientos o sentimientos en mí? ¿Cómo se presenta este aspecto específico de la supremacía blanca en mí? ¿Cómo me beneficia pensar o sentir de esta manera? ¿Por qué me siento de esta manera? ¿Por qué creo esto? ¿Por qué pienso que esto es cierto? ¿Por qué me aferro a estas creencias? Preguntar cuándo, cómo y por qué te ayudará a sumergirte en las capas más profundas e inconscientes de tu supremacía blanca internalizada, profundizando tu trabajo mucho más.

Cuidado de sí, apoyo y sostenibilidad

Como este trabajo es exigente, es importante hablar un poco sobre el cuidado de sí, el apoyo y la sostenibilidad.

Muchas personas que participaron en el desafío de veintiocho días en Instagram encontraron este trabajo desafiante a nivel físico, emocional y espiritual. En la medida en la que elimines tu supremacía blanca interiorizada, tu cuerpo, mente y espíritu se verán afectados. Para garantizar que puedas mantener el trabajo, asegúrate de priorizar tu propio cuidado. No estoy hablando de manicuras y visitas al spa. Estoy hablando de hacer lo que necesitas para permanecer conectado a ti mismo, conectado a tu cuerpo y emocionalmente saludable.

Si eres la única persona en tu familia, tu grupo de amigos o tu comunidad haciendo este trabajo, puedes llegar a sentirte solo. Comunícate con otras personas que estén también haciéndolo para que puedan apoyarse mutuamente. Sin embargo, sé consciente de no apoyarte en personas BIPOC (ya sea familia, amigos o compañeros) para que te asistan y te ayuden a procesar lo que se avecina, a menos que accedan conscientemente a hacerlo. Este tipo de apoyo es una forma de trabajo emocional muy agobiante para las personas BIPOC.

Sentimientos complejos como la vergüenza, la ira, el dolor, la rabia, la apatía, la ansiedad y la confusión surgirán en ti si haces este trabajo profundamente. No huyas de esos sentimientos. Experimentarlos como una respuesta humana adecuada al racismo y la opresión es una parte importante del proceso. Cuando te permites experimentar esos sentimientos, te despiertas. Te rehumanizas. Comienzas a darte cuenta de que no experimentabas estos sentimientos antes porque habías cerrado una parte de tu humanidad para participar en la supremacía blanca. La supremacía blanca te insensibiliza deliberadamente al dolor que causa tu racismo. Hacer este trabajo trae de vuelta los sentimientos reales de dolor que cometer actos de racismo provoca física, mental, emocional y espiritualmente.

El propósito de este trabajo no es que acabes viviendo avergonzado. El propósito es lograr que veas la verdad para que puedas hacer algo al respecto. No importa la vergüenza, el dolor, o la culpa que sientas al caer en cuenta de tu propio racismo: esos sentimientos nunca se acercarán al dolor que experimentan las personas BIPOC como resultado del mismo. Entonces, en lugar de quedarte atrapado o abrumado, canaliza esos sentimientos hacia la acción y el cambio. Hablar con un amigo, grupo de apoyo, terapeuta o *coach* será útil para ayudarte a procesar lo que se avecina y así puedas seguir avanzando.

Audre Lorde dijo que «la revolución no es un evento de una sola vez». El trabajo antirracista no es una exploración de veintiocho días. Es una práctica de toda la vida. Este libro te ofrece un lugar para comenzar y continuar ese trabajo. Pero requiere que te dediques de por vida a la antiopresión. Esto no es como leer un libro de desarrollo personal, asistir a un retiro espiritual o ir a una conferencia de bienestar. No hay una recompensa que te haga sentirte bien al final que no sea la de saber que estás haciendo esto porque es lo correcto. No te felicitarán. Nadie te va a regalar una galletita por ser un aliado. No serás celebrado. Tendrás que aprender a dejar de lado la adicción a la gratificación instantánea y, en cambio, desarrollar la conciencia de hacer lo correcto, incluso si nadie te lo agradece. Además, no hay mayor recompensa que vivir de acuerdo a tus valores y vivir tu vida de tal manera que hagas del mundo un lugar mejor ahora y en el futuro.

«¿Estás segura, cariño, de que quieres estar bien?... Solo si estás segura, cariño, y lista para ser sanada, porque la integridad no es un asunto trivial. Hay mucho peso cuando estás bien».

- TONI CADE BAMBARA, *LOS COMEDORES DE SAL*
(THE SALT EATERS)

SEGUNDA PARTE

El trabajo

Semana 1

LO BÁSICO

Durante los primeros siete días de este camino, vamos a sumergirnos en lo que considero algunos de los aspectos fundamentales básicos de la supremacía blanca. Quizá ya conoces algunos de ellos, como el privilegio blanco y la fragilidad blanca. Otros pueden ser nuevos para ti, como el silencio blanco y el excepcionalismo blanco. Donde quiera que te encuentres en tu aprendizaje, te invito a que leas este libro con la mente de un principiante. Aborda el tema de cada día como si fuera la primera vez, acercándote con la curiosidad y el deseo de profundizar en las partes de ti mismo de las que no eres consciente.

Día 1

TÚ Y EL PRIVILEGIO BLANCO

«Me enseñaron a ver el racismo solo en actos
individuales de mezquindad, no en sistemas
invisibles que confieren dominio a mi grupo».

— PEGGY MCINTOSH

¿QUÉ ES EL PRIVILEGIO BLANCO?

Comenzamos este trabajo hoy con un término con el que estamos
más que familiarizados cuando se trata de la supremacía blanca:
el privilegio blanco. El privilegio blanco, como norma legislativa,
sistémica y cultural, ha existido durante mucho tiempo, pero fue la
investigadora académica de estudios sobre la mujer Peggy McIntosh
quien acuñó por primera vez el término privilegio blanco en su artículo de 1988 *Privilegio blanco y privilegio masculino: un relato
personal de identificación de correspondencias a través del trabajo
en los estudios sobre la mujer.* (White Privilege and Male Privilege:
A Personal Account of Coming to See Correspondences Through
Work in Women's Studies). Un año después, una parte sustancial
de ese artículo fue extraída y publicada como un ensayo titulado
Privilegio blanco: desempacando la mochila invisible (White Privilege: Unpacking the Invisible Knapsack). El ensayo contiene cincuenta ejemplos de privilegio blanco. McIntosh escribe:

He llegado a ver el privilegio blanco como un paquete invisible de bienes no ganados con los que sé que puedo contar a diario, pero cuya presencia se suponía que debía permanecer inadvertida. El privilegio blanco es como una mochila invisible y sin peso de provisiones especiales, garantías, herramientas, mapas, guías, libros de códigos, pasaportes, visas, ropa, brújula, equipo de emergencia y cheques en blanco.[2]

El privilegio blanco describe las ventajas no ganadas que se otorgan a una persona debido a su blanquitud o a su capacidad de «pasar» como blanca. Es muy importante tener en cuenta que el privilegio blanco no es un concepto que sea parte del orden natural de la vida. En ausencia de la supremacía blanca, el privilegio blanco no tiene sentido.

Ciertos avances científicos, como la finalización del Proyecto Genoma Humano en 2003, permitieron examinar el linaje humano a través de la genética. La ciencia ha demostrado que el concepto de raza no es un hecho biológico, sino un concepto social. Según el Dr. Harold P. Freeman, quien ha estudiado las relaciones entre biología y raza, «si preguntas qué porcentaje de tus genes se refleja en tu apariencia externa, la base sobre la cual hablamos de "raza", la respuesta parece estar en el rango del .01 por ciento. Este es un reflejo muy, muy mínimo de tu composición genética».[3]

Lo que vemos como diferencias físicas observables entre las personas de «razas diferentes» en realidad son solo diferentes expresiones de genotipo y fenotipo de una misma y sola raza: la raza humana. A pesar de nuestras diferencias en el color de la piel, la textura del cabello y otros rasgos físicos, genéticamente tú y yo somos iguales. Sin embargo, debido a que la raza es una construcción social profundamente arraigada, y a la existencia de la supremacía blanca, tú y yo no somos tratados de la misma manera. Tú tienes privilegio blanco. Yo no. Y eso hace un mundo de diferencia. La raza es un concepto social, pero eso no lo hace imaginario cuando se trata de las consecuencias muy reales que tiene para las personas BIPOC en su vida diaria, ante la presencia de la supremacía blanca.

¿Cómo sabemos que el privilegio blanco es real? Hay muchas personas que creen que el concepto de privilegio blanco es solo una idea liberal utilizada para hacer que la gente blanca se sienta mal consigo misma. Estas son personas que argumentan que, en el mundo de hoy, donde cosas como la esclavitud de personas africanas, la discriminación laboral basada en la raza y la segregación escolar basada en la raza son ilegales, no hay base para la idea del privilegio blanco. Aunque las personas blancas han tenido privilegios en el pasado, ya no los tienen ahora (¡algunos incluso argumentan que ellos son los que ahora son el grupo minoritario oprimido y marginado!).

Pero los cambios legales en los derechos civiles, aunque extremadamente importantes, no cambian la construcción social profundamente arraigada de que existen razas que son biológicamente diferentes y de que una raza es superior a las demás. Y como verás a lo largo de este libro, la creencia en esta construcción social se desarrolla a nivel inconsciente, afectando pensamientos y comportamientos que tienen consecuencias tanto en el ámbito personal como en el público.

Como una joven negra que creció en el Reino Unido, tomé conciencia del privilegio blanco a una edad muy temprana. Recuerdo que tenía unos siete años cuando mi madre me sentó para hablarme sobre el privilegio blanco, o más bien sobre mi carencia de este. Me dijo: «Porque eres negra, porque eres musulmana y porque eres niña, tendrás que trabajar tres veces más duro que todos los que te rodean para salir adelante. Tienes estas tres cosas jugando en tu contra».

Mi madre no dijo que mi raza, religión y género fueran inherentemente defectuosos, sino que, en una sociedad racista y patriarcal, yo iba a recibir un trato diferente. No sería recompensada de la misma manera por el mismo esfuerzo. Y ella quería que supiera que, aunque esto no era justo o correcto, las cosas eran y siguen siendo así.

Vi estas verdades en juego en mis escuelas, donde yo era una de las pocas niñas de color. Aunque algunos de los maestros de mi escuela primaria entendían que se suponía que no debían tratarme de manera diferente a los demás niños de mi clase, lo hacían con frecuencia, no con malicia ni con una intención deliberadamente racista, sino debido a su propio condicionamiento supremacista blanco que inconscientemente les decía que mi color de piel me hacía menos valiosa que mis compañeros de clase. Aunque generalmente era una de las mejores estudiantes de la clase, así como una de las que mejor se portaba, mis maestros a menudo me ignoraban. Aunque trabajaba duro para destacar, como mi madre me había enseñado, con frecuencia me sentía invisible ante los maestros y menos apoyada que los otros estudiantes (hablaremos más de esto en el Día 11: Tú y la antinegritud contra los niños negros). Mientras tanto, mis compañeros blancos recibían inconscientemente el privilegio de ser tratados como «normales» y más dignos del tiempo, la atención y el cuidado de los maestros.

Es importante comprender que el privilegio blanco está separado de, pero puede cruzarse con, los privilegios de clase, de género, de sexualidad, de edad, de capacidad física o cualquier otro tipo de privilegio. Entonces, por ejemplo, una persona puede ser mujer, pero aún tener privilegio blanco. No tener privilegio masculino no cancela el privilegio blanco. Una persona puede carecer de privilegio económico, pero aún puede tener privilegio blanco. No tener riqueza no cancela el privilegio blanco. Una persona puede ser gay pero aún puede tener privilegio blanco. No tener privilegio heterosexual no cancela el privilegio blanco. Por último, tener privilegio blanco no cancela las otras identidades marginadas de una persona, y tener privilegio blanco con otras identidades privilegiadas (por ejemplo, hombre cisgénero, heterosexual, con capacidad física, etcétera) se suma a la cantidad de privilegio general que posees.

¿CÓMO SE MANIFIESTA EL PRIVILEGIO BLANCO?

La lista de cincuenta ejemplos de privilegio blanco de Peggy McIntosh es un gran lugar para comenzar a ver cómo se manifiesta el privilegio blanco. Los ejemplos extraídos de *Privilegio blanco y privilegio masculino* incluyen:

1. *Puedo, si lo deseo, hacer arreglos para estar en compañía de personas de mi raza la mayor parte del tiempo.*

7. *Cuando me informan sobre nuestro patrimonio nacional o sobre la «civilización», me muestran que las personas de mi color lo convirtieron en lo que es.*

12. *Puedo ir a una librería y contar con la representación de la escritura de mi raza, a un supermercado y encontrar los alimentos básicos que corresponden a mis tradiciones culturales, a una peluquería y encontrar a alguien que pueda encargarse de mi cabello.*

15. *No tuve que educar a mis hijos para que fueran conscientes del racismo sistémico con el propósito de que protegieran diariamente su propia integridad física.*

25. *Si un policía de tránsito me detiene o si el Servicio de Rentas Internas (IRS) audita mi declaración de impuestos, puedo estar seguro de que no me han elegido debido a mi raza.*

36. *Si mi día, semana o año va mal, no necesito preguntarme si cada episodio o situación negativos tiene connotaciones raciales.*

41. *Puedo estar seguro de que, si necesito ayuda legal o médica, mi raza no jugará en mi contra.*[4]

¿POR QUÉ NECESITAS EXAMINAR EL PRIVILEGIO BLANCO?

El privilegio blanco es la recompensa que reciben las personas blancas y las personas que pasan por blancas a cambio de participar en el sistema de supremacía blanca, ya sea que esa participación sea voluntaria o involuntaria. Para desmantelar la supremacía blanca, debes comprender la gran medida en que el privilegio blanco es un aspecto clave de tu vida, cómo te beneficias (ya sea consciente o inconscientemente) de tu color de piel, lo que eso significa para las personas que no reciben el mismo beneficio, y cómo puedes desmantelarlo.

No puedes desmantelar lo que no puedes ver. No puedes cuestionar lo que no comprendes.

Las personas con privilegio blanco muchas veces no quieren tomar conciencia de su privilegio debido a las consecuencias emocionales que le provoca: incomodidad, vergüenza y frustración. Pero no mirar algo no significa que no exista. Y, de hecho, elegir no mirarlo es una expresión del privilegio blanco en sí mismo. Las personas BIPOC que viven dentro de la supremacía blanca, sin embargo, muchas veces no tienen ese privilegio. Como persona con privilegio blanco, ¿alguna vez te dijeron que tu color de piel jugaría en tu contra? ¿Te dijeron que tendrías que trabajar más para compensar tu diferencia racial? ¿O el color de tu piel fue algo que ni siquiera se discutió porque no tenía nada que ver con lo que podrías lograr o cómo serías tratado por el mundo? Esa es la esencia del privilegio blanco.

REFLEXIONES PARA EL DIARIO

1. ¿Cuáles son las formas en que se manifiesta tu privilegio blanco? Estudia la lista de Peggy McIntosh y reflexiona sobre tu propia vida diaria. Haz una lista de las diferentes formas en las que disfrutas del privilegio blanco en tu vida personal.

2. ¿De qué experiencias negativas te ha protegido tu privilegio blanco a lo largo de tu vida?

3. ¿Qué experiencias positivas te ha otorgado tu privilegio blanco a lo largo de tu vida (que las personas BIPOC generalmente no tienen)?

4. ¿Cuáles son las formas en las que has ejercido tu privilegio blanco sobre las personas BIPOC que han causado daño (ya sea que haya sido intencional o no)?

5. ¿Qué has descubierto sobre tu privilegio blanco que te hace sentir incómodo?

Día 2

TÚ Y LA FRAGILIDAD BLANCA

«Es responsabilidad de las personas blancas ser menos frágiles; las personas de color no deberían tener que hacer malabares para lidiarcon nosotros lo menos dolorosamente posible».

— ROBIN DIANGELO

¿EN QUÉ CONSISTE LA FRAGILIDAD BLANCA?

Hoy pasamos a una frase acuñada por la autora Robin DiAngelo. DiAngelo define la fragilidad blanca como «un estado en el que incluso una mínima cantidad de estrés racial resulta intolerable, desencadenando una serie de mecanismos de defensa».[5] No fue sino hasta que comencé a escribir y hablar directamente sobre temas raciales cuando me di cuenta de la profundidad con la que esta fragilidad opera en la gran mayoría de las personas blancas. En el 2017, compartí una publicación en mi blog titulada «Necesito hablar con mujeres espirituales blancas acerca de la supremacía blanca».[6] Inesperada y rápidamente la publicación se hizo viral y llegó a cientos de miles de lectores en todo el mundo, y provocó reacciones de fragilidad blanca que variaron de manera amplia desde la aparentemente bien intencionada («Esto no es útil. Estás siendo divisiva cuando hablas de raza») a la descaradamente violenta («[inserta cualquier discurso antinegro, misógino, isla-mofóbico aquí]»). Muchas de las personas blancas que estaban in-teractuando con mi trabajo tenían tan poca experiencia hablando sobre temas raciales que *cualquier* discusión racial los llevaba a experimentar un colapso total.

Existen dos factores principales que contribuyen a la existen-cia de la fragilidad blanca.

Falta de exposición a conversaciones sobre el racismo

El privilegio blanco protege a las personas blancas y a las que pasan por blancas de tener que discutir las causas e implicaciones del ra-cismo. El privilegio de ser una persona blanca significa que la vida cotidiana de alguien no se ve afectada por su color de piel, por lo que sus conversaciones sobre el racismo tienden a ser superficiales y llenas de clichés. Piensa en tu infancia y en tus primeros años como adulto. Lo más probable es que tus conversaciones raciales (si las hubo) no hayan sido muy matizadas o profundas. Probablemente se hablaba del racismo como algo binario (por ejemplo, la idea de que los racistas son simplemente personas malas y mezquinas) ver-sus una comprensión del privilegio blanco y las implicaciones que tenía para ti y para las personas BIPOC. Esta falta de exposición a conversaciones sobre temas de raza te ha dejado mal preparado para manejar la incomodidad de las conversaciones raciales como adulto, lo que lleva a una reacción inevitable de fragilidad blanca.

Falta de comprensión de lo que es en realidad la supremacía blanca

Si tu comprensión acerca del racismo y la supremacía blanca no incluye una comprensión contextual histórica y moderna de la co-lonización, la opresión, la discriminación, la negligencia y la mar-ginación a nivel sistémico y no solo a nivel individual, entonces tendrás dificultades cuando se trata de conversaciones sobre raza. Asumirás que lo que se critica es tu color de piel y tu bondad individual como persona en lugar de tu complicidad en un sistema de opresión diseñado para beneficiarte a expensas de las personas BIPOC de formas de las que ni siquiera eres consciente. Esta falta de comprensión conduce a la fragilidad blanca, ya sea atacando para defender tu sentido individual de bondad o sintiendo que a ti como individuo te quieren avergonzar por ser como eres, dejando así la conversación. Este es un impedimento peligroso para el antirracismo.

¿CÓMO SE MANIFIESTA LA FRAGILIDAD BLANCA?

Aquí tienes algunos ejemplos de la fragilidad blanca en acción:

✦ Molestarte, ponerte a la defensiva o sentir miedo; discutir, creer que estás siendo avergonzado, llorar o simplemente callar y elegir abandonar la conversación.

✦ Recurrir a las autoridades (el gerente, la policía, los censores de las redes sociales) para quejarte de las personas BIPOC cuando te sientes incómodo con lo que comparten sobre temas de raza. Mis publicaciones en redes sociales han sido denunciadas y censuradas más de una docena de veces debido a la fragilidad blanca.

✦ Eliminar lo que escribiste en una plataforma de redes sociales (otra forma de huir y fingir que nunca sucedió), o abandonar físicamente una discusión cuando no puedes tolerar hacia dónde va una conversación sobre racismo.

En esencia, la fragilidad blanca se muestra como una persona blanca que toma la posición de víctima, cuando en realidad es esa persona blanca la que ha cometido o participado en actos de perjuicio racial.

¿POR QUÉ NECESITAS EXAMINAR LA FRAGILIDAD BLANCA?

La palabra *frágil* es muy adecuada, ya que describe la incapacidad de resistir incluso la más mínima presión. Las conversaciones sobre la raza y la supremacía blanca son, por su propia naturaleza, incómodas. Vienen cargadas de eventos y experiencias históricas y actuales que han causado dolor, vergüenza y desigualdad. La fragilidad blanca te impide tener una conversación sobre racismo sin desmoronarte. Si no puedes hablar sobre racismo, especialmente sobre las formas en las que has sido cómplice involuntario del mismo, entonces nunca podrás ir más allá de una comprensión superficial del problema. Esta comprensión superficial y binaria se presenta así:

> *gente racista = gente mala*
> *gente no racista = gente buena*
> *Quiero ser una persona buena, de modo que no puedo estar asociado con el racismo.*

Este deseo de ser visto como bueno, por ti mismo y por los demás, te impide ver las formas en las que sin saberlo participas y eres parte de la supremacía blanca debido a tu privilegio blanco. Tu deseo de ser *visto* como bueno en realidad puede evitar que *hagas* el bien, porque si no te ves a ti mismo como parte del problema, no puedes ser parte de la solución.

La fragilidad blanca te convierte en una amenaza para las personas BIPOC. Cuando surgen conversaciones de racismo, saltas a la defensiva, volviéndote incapaz de escuchar y comprender realmente el dolor y las dificultades de las personas BIPOC. El enfoque se convierte en defenderte a ti mismo (y realmente, a tu privilegio y supremacía blancos en conjunto) en lugar de abrirte a la experiencia de tomar conciencia de aquello de lo que tu privilegio te ha protegido.

La fragilidad blanca te convierte en un aliado poco confiable para las personas BIPOC, porque no tienes la resiliencia necesaria para hablar sobre racismo. Cuando tus compañeros de trabajo, amigos o familiares BIPOC comparten contigo una experiencia de racismo por la que han pasado, no los escuchas. Intentas convencerlos de que lo están imaginando o de que se están tomando la situación demasiado en serio. Que han entendido mal lo que se dijo o hizo, que no se trataba de un tema de raza sino de otra cosa. En lugar de permitirte escuchar realmente por lo que están pasando y preguntar con empatía y compasión cómo puedes apoyarlos, minimizas sus experiencias y les haces saber, sin decirlo, que no eres una persona blanca con la que ellos se puedan sentir seguros. Por mucho que creas que te has convencido a ti mismo y a ellos con estas explicaciones, todo lo que realmente has hecho es dejar en claro tu nivel de fragilidad blanca en torno a las conversaciones raciales.

Yendo un paso más allá, la fragilidad blanca, la cual no es más que simple miedo, puede derivar rápidamente en daño real. Al igual que cuando se activa nuestra respuesta de lucha o escape, tu fragilidad blanca podría hacer que huyas, que te quedes paralizado como un ciervo encandilado por una luz, o que te vuelvas más agresivo, violento y dañino para las personas BIPOC al devolver el golpe. En una conversación sobre racismo con una mujer blanca que trabajaba como *coach* espiritual, ella me respondió molesta: «Bueno, ¿y qué hay de la supremacía negra?». Esta era una mujer que se enorgullecía de estar llena de amor y de luz. Pero bajo la presión de ser confrontada por su supremacía blanca involuntaria, contraatacó. Más tarde regresó y se disculpó, dándose cuenta de que había respondido desde su fragilidad.

REFLEXIONES PARA EL DIARIO

1. ¿Cómo se manifiesta tu fragilidad blanca durante las conversaciones sobre la raza? ¿Luchas, te quedas paralizado o escapas?

2. Describe tu memoria más visceral en la que hayas experimentado esta fragilidad blanca. ¿Cuántos años tenías? ¿Dónde estabas? ¿De qué se trataba la conversación? ¿Por qué salió a relucir tu fragilidad blanca? ¿Cómo te sentiste durante y después de la interacción? ¿Cómo te sientes al respecto hoy?

3. ¿De qué forma has utilizado tu fragilidad como un arma contra las personas BIPOC llamando a las autoridades, llorando, o alegando que estás siendo perjudicado («¡racismo inverso!» o «¡me quieren hacer sentir avergonzado!» o «¡me están atacando!»)?

4. ¿Cómo te sientes cuando oyes las palabras *personas blancas*? ¿Te hacen sentir incómodo?

5. Hasta la fecha, ¿cómo ha impedido tu fragilidad blanca, a través del miedo y la incomodidad, que hagas un trabajo significativo en torno a tu propio antirracismo?

Día 3

TÚ Y EL CONTROL DEL TONO

> «Hablo movida por un enojo en particular en
> una conferencia académica, y una mujer blanca
> me dice: 'Dime cómo te sientes, pero no lo digas
> tan agresivamente o de lo contrario no podré
> escucharte'. Pero ¿es mi actitud la que le impide
> escuchar o acaso es el miedo a un mensaje de que
> su vida podría cambiar?».
>
> — AUDRE LORDE

¿EN QUÉ CONSISTE EL CONTROL DEL TONO?

El control del tono es una táctica utilizada por aquellos que tienen el privilegio de silenciar a aquellos que no lo tienen, centrándose en el tono de lo que se dice en lugar del mensaje en sí. Puede consistir en moderar a las personas BIPOC por utilizar un tono «muy agresivo» cuando hablan de racismo, o en aplaudirlas (en detrimento de otras personas BIPOC) por expresarse en un tono que se considera más sutil, elocuente y reconfortante. En ambos casos, lo que se espera de las personas BIPOC es que atiendan a las necesidades de la mirada blanca —la mirada supremacista blanca a través de la cual las personas con privilegio blanco ven a las personas BIPOC— y al nivel de comodidad de la fragilidad blanca de una persona cuando se habla de racismo.

También es importante tener en cuenta que el control del tono no solo tiene que ser manifestado en voz alta. Las personas con privilegio blanco con frecuencia moderan el tono de las personas BIPOC en sus pensamientos o a puerta cerrada, entendiendo que hacerlo en voz alta se consideraría racista. Sin embargo, lo que existe en nuestro interior puede hacer tanto, si no más, daño que lo que decimos en voz alta. Lo que yace en nuestro interior influye en lo que expresamos, ya sea intencionalmente o no.

El control del tono tiene que ver en gran parte con la antinegritud y los estereotipos racistas (a menudo entrecruzados con sexismo). Estos on temas en los que profundizaremos durante la Semana 2 de este libro. La expresión de ira de una persona blanca se ve muchas veces como justa, mientras que la ira de una persona negra se ve con frecuencia como agresiva y peligrosa. En ninguna parte esto se ilustra más claramente que con el tratamiento dentro y fuera de la cancha que se le da a la estrella del tenis Serena Williams. A lo largo de los años, Williams fue comparada con un gorila, experimentó pruebas adicionales e innecesarias de detección de drogas, y su vestimenta fue criticada y vigilada.[7] Durante su partido final del US Open 2018 contra Naomi Osaka, Williams fue amonestada por una serie de violaciones que la confundieron tanto a ella como al público. Uno de estos cargos fue por «abuso verbal» después de que ella llamara al árbitro un «ladrón». En un artículo de la revista *Newsweek*, Crystal Fleming, profesora asociada de sociología y estudios africanos en la Universidad Stony Brook, escribe:

> *Ver a un hombre mezquino abusar de su poder para controlar el tono de la mejor jugadora de todos los tiempos fue a la vez desgarrador y exasperante, especialmente siendo una mujer negra… Tenistas hombres, como James Blake y John McEnroe, admitieron haber dicho cosas mucho peores a los árbitros sin haber sido penalizados o multados.*[8]

Este prejuicio implícito y explícito al que Fleming apunta existe no solo dentro del tenis profesional sino también en los hogares, en las escuelas y las instituciones educativas, en las empresas, en los espacios espirituales, en Internet y en todos los espacios donde existe la supremacía blanca. El control del tono en todos estos lugares es el juicio constante (o amenaza de juicio) sobre cómo se expresan las personas BIPOC. Como escribe Claudia Rankine, «Para Serena, la desestimación diaria es un fuego lento, un goteo constante. Cada mirada, cada comentario, cada amonestación surge de la historia, a través de ella, hacia ti».[9]

El control del tono, o la posibilidad de que ese control se use implícita o explícitamente, es una gota que golpea constantemente la psique de las personas BIPOC. En un intento por evitar el control del tono por parte de las personas con privilegio blanco, con frecuencia muchas personas BIPOC subconscientemente moderan su propio tono para evitar tener que lidiar con la fragilidad blanca. Como escritora, a menudo me siento empujada en varias direcciones diferentes cuando intento expresarme. ¿Sueno demasiado enojada? ¿Sueno demasiado blanda? Si uso estas palabras, ¿provocarán fragilidad blanca? ¿Cuento acaso con la capacidad emocional para poder lidiar con eso? Si uso estas palabras, ¿dirán que me prefieren a mí sobre otras mujeres negras que trabajan en antirracismo porque piensan que sueno «elocuente»? Y ¿cómo aclaro que no considero eso un cumplido, sino un gesto anti-negro tanto hacia mí como hacia otras mujeres negras?

Las más de las veces, cuando las personas BIPOC deciden no controlar más su tono y en cambio expresan plenamente su gama de sentimientos sobre el racismo, causan asombro. Las personas con privilegio blanco se preguntan con confusión y frustración, *¿De dónde viene toda esta ira?*, sin darse cuenta de que siempre estuvo allí y de que su expresión es el comienzo de una afirmación de sí como persona BIPOC.

¿CÓMO SE MANIFIESTA EL CONTROL DEL TONO?

El control del tono aparece cuando las personas con privilegio blanco piensan o dicen alguna de estas frases a las personas BIPOC durante las conversaciones sobre asuntos raciales. Mientras consideras el tema de hoy, recuerda si alguna vez has dicho o pensado lo siguiente:

✦ Ojalá dijeras lo que estás diciendo de una manera más agradable.

✦ No puedo entender lo que me estás diciendo sobre tus experiencias vividas porque suenas muy molesto.

✦ Tu tono es demasiado agresivo.

✦ El lenguaje que estás utilizando para hablar sobre lo que has vivido me hace sentir avergonzado.

✦ El lenguaje que estás utilizando para hablar sobre tu experiencia es agresivo o conflictivo.

✦ Debes dirigirte a las personas blancas de una manera más educada si deseas que nos unamos a tu causa.

✦ La forma en que hablas sobre este tema no es productiva.

✦ Si tan solo te calmaras, entonces tal vez querría escucharte.

✦ Estás trayendo demasiada negatividad a este espacio y debes enfocarte en lo positivo.

Hay cientos de formas directas y sutiles en las que el control del tono se adueña de la situación. Esto no solo ocurre durante las conversaciones sobre temas raciales. El control del tono también ocurre cuando juzgas a las personas BIPOC por no ajustarse a las normas blancas de comunicación (por ejemplo, hablar demasiado alto, usar variaciones idiomáticas vernáculas afroamericanas, o hablar de formas que no se ajustan al idioma estándar).

¿POR QUÉ DEBES EXAMINAR EL CONTROL DEL TONO?

El control del tono refuerza las normas de la supremacía blanca acerca de cómo se «supone» que deben presentarse las personas BIPOC. Es una forma de mantener a las personas BIPOC en línea y sin poder. Cuando insistes en que no creerás ni darás credibilidad o atención a las personas BIPOC hasta que no hablen en un tono que te convenga, entonces mantienes la idea de que tus estándares como persona blanca son superiores. Cuando controlas el tono de cómo se supone que las personas BIPOC deben hablar sobre sus experiencias vividas en torno al racismo y su existencia en el mundo, estás reforzando la ideología supremacista blanca de que los blancos saben mejor que nadie lo que conviene hacer.

El control del tono es una forma insidiosa de incurrir en algo que se conoce como *gaslighting*, un tipo de manipulación psicológica que busca sembrar dudas en una persona o personas al hacerles cuestionar su propia memoria, percepción y cordura. Toma su nombre de una obra de teatro estrenada en 1938, *Luz de Gas* (Gaslight), en la que un hombre atenúa las luces de gas en su casa y luego convence a su esposa de que ella se está imaginando cosas.[10] Recuerda o imagina, si lo deseas, sufrir un acto de violencia y que luego te pidan que hables sobre lo que experimentaste pero sin expresar emociones intensas. Esto es claramente inhumano. Ser humano es sentir. Hablar sobre algo doloroso sin expresar dolor es esperar que un ser humano recuerde información como si fuese un robot. Cuando insistes en que las personas BIPOC hablen sobre sus experiencias dolorosas de racismo sin expresar ningún dolor, rabia o pena, les estás pidiendo que se des-humanicen. El control del tono es tanto una demanda para que las personas BIPOC compartamos nuestras experiencias de racismo sin compartir ninguna de nuestras (verdaderas) emociones al respecto como una para que existamos de maneras que no hagan que las personas blancas se sientan incómodas.

Cuando puedas reflexionar acerca de cómo incurres en el control del tono, puedes comenzar a cambiar tu comportamiento para que así permitas a las personas BIPOC la plena expresión de su humanidad.

REFLEXIONES PARA EL DIARIO

1. ¿Cómo has utilizado el control del tono para silenciar, detener o desestimar a las personas BIPOC? ¿Qué tipo de palabras has utilizado para describir el tono que deberían usar las personas BIPOC?

2. ¿Qué tipo de pensamientos en torno al control del tono has albergado en tu interior cuando has escuchado a personas BIPOC hablar sobre temas de raza o sus experiencias vividas, incluso si no los expresaste en voz alta?

3. ¿De qué manera has evadido conversaciones sobre raza al enfocarte en *cómo* alguien te dijo algo en lugar de *qué* te dijo? Haciendo memoria, ¿por qué crees que el tono que se estaba utilizando era más importante para ti que el contenido de la información que se estaba transmitiendo?

4. ¿Con qué frecuencia has condicionado tu voluntad de participar en trabajo antirracista a que las personas usen el tono «adecuado» contigo?

5. ¿Cómo has menospreciado el dolor de las personas BIPOC en torno al racismo porque la manera en que hablan sobre ello no encaja con la manera en la que crees que deben hablar las personas?

6. ¿Cómo has menospreciado a las personas BIPOC en general debido al tono que utilizan cuando hablan?

Día 4

TÚ Y EL SILENCIO BLANCO

> «Tendremos que arrepentirnos en esta generación
> no solo por las palabras y acciones de odio de las
> personas malas, sino por el atroz silencio de
> las personas buenas».
>
> — MARTIN LUTHER KING JR.

¿EN QUÉ CONSISTE EL SILENCIO BLANCO?

El silencio blanco es exactamente eso. Es cuando las personas con privilegio blanco guardan un silencio cómplice respecto a cuestiones de raza y supremacía blanca. Ayer aprendimos sobre el control del tono, que se trata de cómo silencias a las personas BIPOC. Hoy, vamos a analizar el silencio blanco, que se trata de cómo callas sobre el racismo. Ambos tipos de silencio surgen de la fragilidad blanca: el miedo a ser incapaz de hablar de raza sin desmoronarse. Sin embargo, la fragilidad blanca no es la única causa del silencio blanco. El silencio blanco es también una defensa del *statu quo* de la supremacía blanca, una manifestación de la necesidad de aferrarse al privilegio blanco a través de la inacción.

Como señala Martin Luther King Jr. en la cita que abre esta sección, muchas veces es el silencio de las buenas personas el que más hace daño. Durante tres años, fui la mejor amiga de una mujer blanca a la que adoraba. Teníamos mucho en común: ambas éramos visionarias creativas bastante introvertidas. Aunque ella vivía en el Reino Unido y yo en Qatar, manteníamos una relación cercana. Cada semana, conversábamos por dos horas para ponernos al día e inspirarnos y apoyarnos mutuamente en nuestras trayectorias. Después de algunos años de ser mejores amigas, decidimos que íbamos a crear y lanzar un programa juntas. Todo avanzaba sin contratiempos hasta que me vi motivada a escribir y publicar mi carta viral «Necesito hablar con mujeres espirituales blancas acerca de la supremacía blanca», y luego todo cambió.

Ella permaneció en silencio.

No me di cuenta en ese momento, pero haciendo memoria, entiendo que mis palabras y mi trabajo deben haber desencadenado su fragilidad blanca. Lenta pero seguramente, se ausentó de mi vida. Aunque vio las conversaciones públicas que yo estaba manteniendo en línea sobre el racismo, y a pesar de que fue testigo de cómo fui víctima de muchas de las cosas de las que hablo en este libro, simplemente abandonó nuestra amistad. No me habló de mi trabajo. No preguntó cómo podía apoyarme durante aquel momento difícil. No me habló sobre lo que esta situación sacó a relucir para ella con respecto a su privilegio blanco. No dijo nada. Solo permaneció en silencio.

Y su silencio dolió más que cualquier comentario racista que algún extraño me lanzara porque fue la traición de una persona que me amaba y me apoyaba… siempre y cuando no hablara de racismo. Cuando le pregunté en una carta antes de terminar nuestra amistad por qué no había estado allí para apoyarme en los últimos meses, respondió que yo parecía tener ya suficiente apoyo de las mujeres negras en mi vida, y que no creía que la necesitase a ella. Fue sorprendente para mí darme cuenta de que ella había estado allí para apoyarme incondicionalmente a lo largo de los años de nuestra amistad cuando se trató de otras experiencias en los negocios y en la vida, pero cuando se trató de racismo, simplemente sintió que no tenía nada que aportar. Llegué a comprender que aquello fue una trágica combinación de fragilidad blanca y silencio blanco que resultó en el final de nuestra amistad.

Muchas personas BIPOC han experimentado este sentimiento de traición que ocurre cuando alguien en su vida está allí para ellos, siempre y cuando no hablen de racismo. Y si nuestros amigos no pueden estar allí para nosotros, ¿qué significa eso para cuán seguros podemos sentirnos con otras personas que tienen privilegio blanco?

¿CÓMO SE MANIFIESTA EL SILENCIO BLANCO?

Estos son algunos ejemplos del silencio blanco en acción:

+ Permanecer en silencio (o poner excusas/cambiar de tema/salir de la habitación) cuando tus familiares o amigos hacen bromas o comentarios racistas.

+ Permanecer en silencio cuando ves a tus colegas de color experimentar discriminación en el trabajo.

+ Permanecer en silencio cuando las personas blancas tratan a miembros birraciales de tu familia de una manera en la que no tratarían a los miembros blancos de tu familia.

+ Permanecer en silencio al elegir no participar en ninguna conversación sobre temas de raza debido a tu fragilidad blanca.

+ Permanecer en silencio al no asistir a marchas de protesta contra el racismo como *Black Lives Matter* o a protestas a favor de los inmigrantes en riesgo.

✦ Permanecer en silencio cuando tu famoso maestro/*coach*/mentor/autor espiritual favorito es confrontado por su comportamiento racista.

✦ Permanecer en silencio cuando eres testigo de cómo otras personas blancas utilizan su privilegio blanco, fragilidad blanca o control del tono contra personas BIPOC.

✦ Permanecer en silencio al no compartir en tus redes sociales publicaciones acerca de temas de raza y racismo debido a la forma en que podrían afectar tu vida personal o profesional, o compartir publicaciones de personas BIPOC sin agregar tu propia voz o perspectiva.

✦ Permanecer en silencio con respecto a tu trabajo antirracista por temor a perder amigos y seguidores.

✦ Permanecer en silencio al no hacer responsables a quienes te rodean por su comportamiento racista.

¿POR QUÉ NECESITAS EXAMINAR EL SILENCIO BLANCO?

En la superficie, el silencio blanco parece benigno. Y si no benigno, entonces al menos se podría creer que es una postura de neutralidad. Como dice el viejo adagio: «Si no tienes nada bueno que decir, mejor no digas nada en absoluto». Pero el silencio blanco es cualquier cosa menos neutral. Más bien, es un método de autoprotección y, por lo tanto, es también la protección de las dinámicas de la supremacía blanca. Te protege a ti, la persona con privilegio blanco, de tener que lidiar con el daño que causa la supremacía blanca. Y protege la supremacía blanca de ser cuestionada, manteniéndola firmemente en su lugar.

Aquí va una idea radical que me gustaría que entendieras: el silencio blanco es violencia. Protege activamente el sistema. Es un silencio que dice *estoy de acuerdo con las cosas tal y como están porque no me afectan negativamente y porque disfruto de los beneficios que recibo del privilegio blanco*. Cuando digo que el silencio blanco es violento, no me refiero solo al acto de permanecer en silencio cuando observas a alguien hacer un comentario racista, o perpetrar un crimen de odio basado en prejuicios raciales. Esos son los ejemplos extremos que uno no necesariamente encuentra en su vida cotidiana. Recuerda, la supremacía blanca no se trata solo de actos individuales de racismo; es un sistema de opresión que se filtra y muchas veces constituye la base de muchos de los espacios regulares en los que pasas tu tiempo: escuela, trabajo, espacios espirituales, salud, espacios de bienestar, etcétera. Todos estos espacios a menudo están protegidos contra actos de racismo evidentes e individuales, al tiempo que permiten que el racismo encubierto y sistémico sea parte de la cultura aceptada por medio del silencio blanco.

A continuación, encontrarás algunas cosas para pensar en cómo utilizas el silencio blanco en estos espacios. Ten en cuenta que estas ideas se plantearán nuevamente y se ampliarán más profundamente en el libro.

✦ En las escuelas e instituciones educativas, los estudiantes, los padres, los educadores y los administradores pueden perpetuar contra los estudiantes de color comportamientos como el control del tono (implícito o explícito), el salvacionismo blanco, la superioridad blanca y la ceguera al color.

✦ En el trabajo, en emprendimientos y en espacios corporativos, los empleados y los líderes pueden perpetuar comportamientos como la fragilidad blanca, la apropiación cultural, el etnocentrismo blanco y el apoyo aliado óptico.

✦ En espacios espirituales, los administradores, los líderes y las personas que buscan espiritualidad pueden perpetuar comportamientos como el excepcionalismo blanco, el control del tono y la ceguera al color.

✦ En espacios de salud y bienestar, los profesionales, el personal médico, los sanadores y los maestros pueden perpetuar comportamientos como la antinegritud, los estereotipos racistas, la apropiación cultural y la superioridad blanca.

Piensa en cada uno de estos espacios y en otros espacios donde pasas tu tiempo. Imagínate que estos comportamientos sutiles y encubiertos de supremacía blanca no se respondieran con silencio blanco, sino que personas con privilegio blanco usaran sus voces para cuestionar la cultura y exigir un cambio. Ahora entiende que sin importar quién seas, qué nivel de poder, influencia o autoridad poseas, tu voz es necesaria. No como un salvador blanco (de lo cual hablaremos en la Semana 3), sino como alguien que reconoce que su privilegio puede ser un arma utilizada contra la supremacía blanca. Tu silencio manda un mensaje claro diciendo que estás del lado de la supremacía blanca. Las personas BIPOC a tu alrededor necesitan saber de qué lado estás y si pueden confiar en ti sus experiencias.

Un apunte rápido para los introvertidos: la introversión no es una excusa para permanecer en silencio blanco. Como alguien que tiene un puntaje bastante alto en la escala de introversión, entiendo que nuestra tendencia y preferencia natural es ser reservados y dejar que los extrovertidos tomen el protagonismo. Sin embargo, cuando se trata de antirracismo, apoyarte en tu introversión como una razón para permanecer en silencio es en realidad una excusa para permanecer en tu zona de confort. Puedes ser introvertido y tener conversaciones poderosas. Puedes ser introvertido y usar la escritura para alterar la supremacía blanca. Puedes ser introvertido y presentarte para protestar en las marchas. No tienes que ser la voz más fuerte. Pero sí necesitas usar tu voz.

REFLEXIONES PARA EL DIARIO

1. ¿Cómo has permanecido en silencio con respecto a temas de raza y racismo?

2. ¿Qué tipo de situaciones provocan en ti mayor silencio blanco?

3. ¿De qué manera ha sido tu silencio un cómplice de comportamientos racistas?

4. ¿Cómo te beneficias del silencio blanco?

5. ¿A quién haces daño en tu vida con tu silencio blanco?

Día 5

TÚ Y LA SUPERIORIDAD BLANCA

«Cuando fui honesta conmigo misma, tuve que reconocer el hecho de que había aceptado el mito de la superioridad blanca, en silencio y en privado, explicándome a mí misma aquel modelo observable de dominio blanco como una consecuencia natural de la superioridad biológica de la inteligencia y la habilidad de las personas blancas.»

— DEBBY IRVING

¿EN QUÉ CONSISTE LA SUPERIORIDAD BLANCA?

El diccionario Merriam-Webster define *superior* como un adjetivo que significa «situado por encima, más alto; de mayor rango, calidad o importancia».[11]

La superioridad blanca proviene directamente de la creencia de la supremacía blanca de que las personas con piel blanca o que pasan por blanca son mejores y, por lo tanto, merecen dominar a las personas con piel marrón o negra. Las manifestaciones más extremas de esta creencia son el Ku Klux Klan, los neonazis y la ideología detrás del nacionalismo de derecha. Mientras escribía este libro, recibí un correo electrónico de odio de un hombre blanco con el asunto «vete a la m*****, n ****» que ilustraba perfectamente la expresión más vil de esta idea de superioridad blanca. El correo electrónico decía lo siguiente (aviso de contenido altamente sensible para personas negras; este es un correo electrónico extremadamente racista y antinegro):

Zambos descontentos sarracenos y marxistas como tú son la razón por la que tendremos que demostrar la sagrada y eterna verdad de la supremacía blanca de una manera que se grabará para siempre en tu subconsciente salvaje. ¿Tienes alguna idea de la tribu de monos de la que vinieron tus ancestros esclavistas? ¿Tienes alguna idea de qué proto-lenguaje primitivo hablaban o qué demonios subhumanos oscuros adoraban? No, no lo tienes, porque te quitamos esa suciedad y la pulverizamos. Imagina lo que vamos a llevarnos de ti esta vez. Cuando llegue el momento, cuando la bota esté en tu cuello, sabrás por qué. Comprende que haces que ese día se acerque cada vez más con tu discurso de odio. Solo queríamos podar el césped. Pero no nos quedaremos esperando mientras ustedes se alistan para comernos como lo hicieron en Rodesia, el Congo, Angola, etcétera. Prepárate, imbécil y soberbia n ***** zorra.

Este correo electrónico es violento, pero también claramente ridículo. Y la mayoría de las personas liberales con privilegio blanco no van por la vida albergando pensamientos conscientes como este en sus mentes. Estos son los tipos de palabras que reflejan la manifestación más extrema de la ideología blanca supremacista. Pero el hecho de que sea extrema no significa que versiones moderadas de esta ideología no existan en niveles más inconscientes en personas blancas progresistas, amantes de la paz y que afirman que todos pertenecemos a la misma raza. No tienes que creer en ninguna ideología extrema para albergar pensamientos de superioridad blanca. Y no tienes que albergar las manifestaciones más extremas de superioridad blanca para causar daño a las personas

BIPOC y continuar defendiendo el sistema supremacista. Si miramos este correo electrónico en el contexto del tema de hoy, podemos encontrar ideologías que, si bien han sido aquí expresadas de manera claramente despreciable, también pueden expresarse como normas culturales y creencias inconscientes incluso por la persona más moderada con privilegio blanco. Por ejemplo:

✦ Palabras como *salvaje, mono* y *primitivo* son las que han conducido al salvacionismo blanco histórico y moderno: el mito de los africanos pobres que necesitan ser salvados por las personas blancas civilizadas.

✦ Palabras como **discurso de odio** en referencia a mi trabajo de antirracismo han sido utilizadas en mi contra por algunas de las personas blancas más progresistas y espirituales que podrás conocer, incluyendo a maestros de yoga, entrenadores de vida y mentores espirituales.

✦ Y la oración acerca de los «demonios subhumanos oscuros» que mis ancestros supuestamente adoraban no es muy diferente de la islamofobia moderna que enfrentan muchos musulmanes como yo o la persecución religiosa institucionalizada de los nativos americanos, que les arrebató la libertad de culto según sus ritos religiosos, costumbres y ceremonias tradicionales.

Este correo electrónico es extremo, pero es una manifestación extrema de un paradigma dominante de supremacía blanca ampliamente sostenido y firmemente plantado.

Las semillas de la idea de la superioridad blanca se plantan a una edad muy temprana, y en ninguna parte esto se ilustra más claramente que con la prueba de la muñeca. En la década de 1940, los doctores Kenneth y Mamie Clark, psicólogos afroamericanos que eran marido y mujer, realizaron una serie de experimentos para estudiar los efectos psicológicos de la segregación en los niños afroamericanos.[12] Coloquialmente llamada la prueba de la muñeca, los doctores reunieron a niños afroamericanos entre las edades de tres y siete años y les entregaron cuatro muñecas que eran idénticas excepto por el color de la piel: dos negras, dos blancas. Se les pidió a los niños identificar las razas de las muñecas y decir qué color de muñeca preferían. La mayoría de los niños prefirieron la muñeca blanca, asignándole más rasgos positivos que a la muñeca negra. La conclusión del experimento fue que «los prejuicios, la discriminación y la segregación» habían creado un sentimiento de inferioridad entre los niños afroamericanos y habían dañado su autoestima.

Si bien las pruebas de la década de 1940 mostraron cómo se desarrollaba la inferioridad en los niños negros debido a la supremacía blanca, fue la nueva prueba de la muñeca en 2010 encargada por CNN la que ilustró cómo se desarrollaba la superioridad blanca en los niños blancos debido a la supremacía blanca.[13] La Dra. Margaret Beale Spencer, reconocida psicóloga infantil y profesora universitaria, fue contratada por CNN para que recreara la prueba de la muñeca en la era moderna. Esta vez, sin embargo, se evaluó tanto a niños blancos como a niños negros. La prueba mostró que los niños blancos tienden a identificar el color de su propia piel con más atributos positivos y aquellos con pieles más oscuras con atributos más negativos. Los investigadores llamaron a este fenómeno «prejuicio blanco». La prueba mostró que los niños negros tenían muchas menos probabilidades de responder con prejuicio blanco.

La Dra. Spencer concluyó: «Todos los niños, por un lado, están expuestos a los estereotipos. Lo que es realmente significativo aquí es que los niños blancos están aprendiendo o manteniendo esos estereotipos con mucha más fuerza que los niños afroamericanos».

La idea de que la piel blanca es «de mayor rango, calidad o importancia» comienza antes de que seas consciente de ello. Y como no lo sabes, en gran medida no lo cuestionas y se convierte en una verdad interna que se mantiene profundamente a pesar de que no la elegiste intencionalmente. No sorprende que, en todo el mundo, hasta el día de hoy, incluso en el Medio Oriente, donde vivo, sea mucho más fácil encontrar muñecas blancas que muñecas negras o marrones en las jugueterías. Las muñecas blancas, al igual que las personas blancas, son vistas como la norma —superiores en todos los aspectos a las muñecas negras y marrones, y a las personas negras y marrones.

¿CÓMO SE MANIFIESTA LA SUPERIORIDAD BLANCA?

A continuación, algunos ejemplos de superioridad blanca en acción:

+ Control del tono, como se describe en la reflexión del Día 3.

+ Apegarse a los estándares europeos de belleza (por ejemplo, un tono de piel más claro, cabello más liso). Las pruebas de muñecos ilustraron esto de maneras espeluznantes, pero también lo hace la falta actual de representación de mujeres de piel oscura y cabello crespo en películas, televisión y medios de comunicación.

+ Creer que el inglés vernáculo afroamericano (AAVE) es de «gueto» y pensar que la forma correcta de hablar es la forma en la que tú y otras personas blancas hablan.

+ Comprar y trabajar principalmente con empresarios y proveedores blancos, ya sea intencionalmente o no.

✦ Leer principalmente libros de autores blancos.

✦ Apoyar y aprender principalmente de líderes blancos, ya sean políticos o no políticos.

✦ Permanecer principalmente en el lado «blanco» de la ciudad.

✦ Solo compartir el trabajo y las palabras de personas BIPOC si crees que no ofenden ni molestan a las otras personas blancas de tus comunidades.

✦ Mantener la expectativa de que las personas BIPOC deberían «servirte» brindándote trabajo emocional gratuito en torno al racismo.

✦ Creer, de manera sutil y abierta, que eres más inteligente, más valioso, más capaz, más sabio, más sofisticado, más hermoso, más articulado, más espiritual, etcétera, que las personas BIPOC.

¿POR QUÉ NECESITAS EXAMINAR LA SUPERIORIDAD BLANCA?

Porque la idea de tu superioridad es la base misma de la supremacía blanca. Continúas perpetuando la supremacía blanca en la medida en que crees en tu superioridad y en la de otras personas blancas. Nuevamente, es importante enfatizar que esta creencia no es necesariamente una elección consciente. Es un aspecto profundamente oculto e inconsciente de la supremacía blanca del que casi nunca se habla pero que se practica en la vida diaria sin siquiera pensarlo.

La realidad es que has sido condicionado desde niño a creer en la superioridad blanca a través de la manera en que se enseñaba tu historia, a través de la manera en que se hablaba sobre la raza, y a través de la manera en que los estudiantes de color eran tratados de forma diferente a ti. Has sido educado por instituciones que han enseñado superioridad blanca a través de planes de estudio que favorecen una narrativa sesgada por las personas blancas, a través de la falta de representación de personas BIPOC, y a través de la manera en que estas instituciones lidiaban con los actos de racismo. Has sido condicionado por medios que continúan reforzando la superioridad blanca a través de una representación excesiva de celebridades y líderes que se parecen a ti, a través de la apropiación cultural de la moda, el lenguaje y las costumbres de personas BIPOC, y a través de la narrativa del salvador blanco. Y es probable que trabajes en industrias que defienden la superioridad blanca a través de la falta de representación de personas BIPOC en los niveles de liderazgo, a través de políticas de inclusión y diversidad que se tratan solo de ser un aliado óptico, y a través de políticas de recursos humanos (implícitas y explícitas) que incurren en el control del tono y que marginan a los empleados que son BIPOC.

Necesitas examinar la superioridad blanca para que puedas comenzar a desarmarla dentro de ti y desmantelarla dentro de los espacios a tu alrededor.

REFLEXIONES PARA EL DIARIO

1. Piensa en tu vida, desde tu infancia hasta hoy. ¿De qué maneras has creído consciente o inconscientemente que eres mejor que las personas BIPOC?

No te escondas de esto. Este es el quid de la supremacía blanca. Admítelo.

Día 6

TÚ Y EL EXCEPCIONALISMO BLANCO

«Las personas blancas desesperadamente quieren creer que únicamente los miembros solitarios y aislados de espacios 'solo para blancos' son racistas. Esta es la razón por la cual la palabra *racista* ofende a las 'buenas personas blancas' tan profundamente. Cuestiona su autoidentificación como buenas personas. Lamentablemente, a la mayoría de las personas blancas les preocupa más ser llamadas racistas que el hecho de que sus acciones sean o no racistas o perjudiciales».

— AUSTIN CHANNING BROWN

¿EN QUÉ CONSISTE EL EXCEPCIONALISMO BLANCO?

El excepcionalismo blanco es la creencia de que tú, como persona que tiene privilegio blanco, está exento de los efectos, beneficios y condiciones de la supremacía blanca y, por lo tanto, que el trabajo de antirracismo no es algo que debas hacer. He llegado a ver el excepcionalismo blanco como un arma de doble cara que, por un lado, escuda a las personas con privilegio blanco de tener que hacer el trabajo antirracista bajo la creencia de que «no soy racista; yo soy una persona blanca buena» y, por otro lado, dispara flechas a las personas BIPOC al esperar que asuman la carga de desmantelar la supremacía blanca suponiendo que el racismo es un problema que atañe a las personas negras o marrones pero no a las personas blancas.

No son los nacionalistas de derecha y los racistas abiertamente orgullosos quienes llevan consigo una percepción de excepcionalismo blanco. Estas personas muestran abiertamente sus verdaderas creencias para asegurarse de que todos se enteren. Saben quiénes son, qué representan y a quién ven como una amenaza. Más bien, se trata con frecuencia de personas liberales blancas, quienes creen que sus ideologías progresistas los separan del racismo de la extrema derecha. Las personas con privilegio blanco que creen que no son un impedimento para el antirracismo son las que portan el excepcionalismo blanco como una insignia de honor.

«No pueden estar hablando de mí. Yo voté por Obama. Tengo amigos negros. He tenido parejas que son personas BIPOC. Mis hijos juegan con niños que no son blancos. ¡Ni siquiera veo el color! Cuando hablan de racismo y supremacía blanca, deben estar hablando de otros tipos de personas blancas. No de mí. Yo soy una persona blanca buena».

¿Suena familiar? Ninguna de estas cosas que has declarado con confianza como evidencia de que no eres racista borra la realidad. Has sido condicionado por una ideología supremacista blanca, tanto si te has dado cuenta como si no. Se te otorgan ventajas no ganadas llamadas privilegio blanco, ya sea que lo hayas elegido o no. Si bien experimentas dificultades y opresión en tu vida por otras identidades y experiencias, no experimentas estas cosas debido al color de tu piel. Y tus actos individuales de votar por un presidente negro o relacionarte con personas BIPOC no borran nada de esto.

¿CÓMO SE MANIFIESTA
EL EXCEPCIONALISMO BLANCO?

Algunos ejemplos de excepcionalismo blanco en acción:

✦ El excepcionalismo blanco se ha manifestado cada vez que leíste una de las preguntas del diario reflexivo y pensaste, *Yo no hago eso* o *Eso no se aplica a mí. Yo nunca he pensado de esa manera y jamás lo haría.*

✦ El excepcionalismo blanco es lo que te convence de que *realmente* tú no necesitas hacer este trabajo. Que lo estás haciendo porque es algo loable, pero que no tienes que explorar con la profundidad que se te pide.

✦ El excepcionalismo blanco es esa pequeña voz que te convence de que puedes leer este libro, pero sin tener que hacer el trabajo. Que debido a que tienes una comprensión intelectual de los conceptos que se presentan aquí, no tienes que trabajar diligentemente para responder las preguntas. Que puedes hacerlo en tu mente, y eso es suficiente.

✦ El excepcionalismo blanco es la creencia de que debido a que has leído libros y artículos sobre antirracismo, has escuchado *podcasts* acerca de la justicia social, has visto documentales sobre los efectos del racismo y sigues en las redes a algunos activistas y educadores BIPOC, lo sabes todo y no necesitas profundizar más.

✦ El excepcionalismo blanco es la idea de que eres de alguna manera especial, de que estás exento, por encima de, más allá de esta cosa llamada supremacía blanca. La supremacía blanca es eso que hacen esas otras personas blancas, pero no tú. Va de la mano con la superioridad blanca y la creencia de que ya has hecho algo de trabajo antirracista, de que ya has demostrado que eres un aliado, y en consecuencia no necesitas seguir mostrando tu apoyo o haciendo el trabajo.

✦ El excepcionalismo blanco es responder a la defensiva «¡no todas las personas blancas!» cuando las personas BIPOC hablan acerca del comportamiento de las personas blancas.

¿POR QUÉ NECESITAS EXAMINAR EL EXCEPCIONALISMO BLANCO?

El excepcionalismo blanco impera particularmente en las personas blancas que son progresistas, liberales y espirituales porque existe la creencia de que por ser estas cosas estás exento o al margen de este problema. Pero no lo estás. Y la creencia de que lo estás hace que seas un riesgo para las personas BIPOC porque no puedes ver tu propia complicidad. En su «Carta desde una cárcel de Birmingham», Martin Luther King Jr. ilustró los peligros del excepcionalismo blanco que muchas veces se encuentran en el grupo de personas que describió como los «blancos moderados»:

En primer lugar, debo confesar que en los últimos años me han desilusionado enormemente los blancos moderados. Casi he llegado a la lamentable conclusión de que el principal obstáculo para los negros en su lucha por la libertad no son los miembros del Consejo de Ciudadanos Blancos, ni los miembros del Ku Klux Klan, sino los blancos moderados, que están más preocupados por el «orden» que por la justicia; que prefieren una paz negativa, que es la ausencia de tensión, a una paz positiva, que es la presencia de la justicia; que constantemente dicen: «Estoy de acuerdo con el objetivo por el que luchas, pero no puedo aprobar tus métodos de acción directa»; que creen, con una actitud paternalista, que tienen derecho a fijar el calendario para la libertad de otro ser humano; que viven bajo un concepto mítico del tiempo y que constantemente aconsejan a los negros que esperen «un momento más propicio». Una comprensión superficial por parte de las personas de buena voluntad es mucho más frustrante que una absoluta incomprensión por parte de las personas malintencionadas. Una aceptación poco entusiasta es mucho más desconcertante que un rechazo abierto.[14]

Esta es la lección que está en el corazón del tema de hoy: Si crees que eres excepcional, no harás el trabajo. Si no haces el trabajo, continuarás haciendo daño, incluso si esa no es tu intención. No eres una persona blanca excepcional, lo que significa que no estás exento del condicionamiento de la supremacía blanca, de los beneficios del privilegio blanco y de la responsabilidad de seguir haciendo este trabajo por el resto de tu vida. El momento en el que comienzas a pensar que eres excepcional es el momento en que comienzas a relajarte de nuevo en la cálida y familiar comodidad de la supremacía blanca.

En su ensayo «Racismo: un problema blanco» (Racism—A White Issue), publicado en la antología feminista *Todas las mujeres son blancas, todos los negros son hombres, pero algunas de nosotras somos valientes* (All the Women Are White, All the Blacks Are Men, But Some of Us Are Brave), Ellen Pence, una activista blanca, escribe sobre su entendimiento acerca de su propio excepcionalismo blanco. Al crecer con un padre que era abiertamente racista y que predicaba la superioridad natural de las personas blancas, creía que, como no compartía esta ideología, era «una persona blanca buena». En el ensayo escribe sobre su participación en marchas, de cómo enviaba a Martin Luther King Jr. el dinero que ganaba cuidando niños, y de cómo iba a confesarse con el sacerdote negro en su parroquia predominantemente blanca —tomando todo esto como señales de que no compartía la misma ideología racista que su padre. Sin embargo, en la medida en la que se involucró más en un programa de mujeres maltratadas de su vecindario, comenzó a expresar algo de su propio excepcionalismo blanco. Escribe: «Vi a personas negras e indígenas acusar a mujeres feministas blancas de racismo. Ciertamente, no se referían a mí... Yo también estaba siendo oprimida por los hombres blancos. Entonces, cuando escuchaba a mujeres de color hablar de privilegios blancos, en mi mente insertaba la palabra 'hombres': 'privilegios de hombres blancos'».[15]

¿Has hecho esto? ¿Has creído ferviente o inconscientemente que tus acciones antirracistas y/o tus otras identidades marginadas han significado que eres la excepción cuando se trata del privilegio y la supremacía blancos?

REFLEXIONES PARA EL DIARIO

1. ¿De qué formas has pensado que eres excepcional, que estás exento, que eres «una persona blanca buena» o que estás por encima del condicionamiento de la supremacía blanca?

2. ¿De qué formas has actuado a partir de una percepción de excepcionalismo blanco en conversaciones raciales con personas BIPOC? (por ejemplo, cuando se te ha cuestionado por comportamientos racistas involuntarios, ¿has tratado de explicar o demostrar que eres «una persona blanca buena»?)

3. Vuelve a leer el extracto de la carta de Martin Luther King Jr. y piensa en los temas que hemos revisado hasta ahora. ¿Cómo ha impedido tu excepcionalismo blanco que seas un apoyo aliado para las personas BIPOC?

4. Piensa en tu infancia. ¿De qué manera la sociedad (padres, escuelas, medios de comunicación) te enseñó el excepcionalismo blanco?

5. Si eres padre de familia, ¿de qué maneras estás enseñando a tus hijos el excepcionalismo blanco?

Día 7

REPASO DE LA SEMANA 1

Si has llegado hasta este punto en el desafío, comenzarás a notar un patrón. Todos estos temas se entrelazan entre sí, enganchándose e interconectándose. Así es la red pegajosa de la supremacía blanca. No se trata solamente de un contraste binario, blanco o negro, *ser* o *no ser* racista. Más bien, se trata de conductas y creencias de varios matices que conforman una visión del mundo supremacista blanca. Tus creencias internalizadas sobre el racismo son parte integral de tu visión del mundo y de ti mismo. Las reflexiones del diario en este libro te están ayudando a darte cuenta de eso.

El Día 7 no es un día libre, porque las personas BIPOC no tienen la opción de tomarse un día libre de (tu) supremacía blanca, pero sí reflexionamos. Hemos sacado mucho a la superficie en los últimos seis días, y es importante dar un paso atrás, hacer un balance de lo que has aprendido hasta este momento y asimilarlo para que puedas continuar.

Si has sido honesto contigo mismo y has profundizado en cada reflexión del diario, entonces muchas cosas de las que no eras consciente y sobre las que ahora empiezas a reflexionar deberían haber salido a la superficie.

En este día de reflexión, quiero recordarte que no estamos buscando un final feliz, el momento de enseñanza, o el hermoso broche al final de todo el aprendizaje. Tampoco estamos buscando admisiones dramáticas de culpa o que quedes tan paralizado por la vergüenza que no puedas avanzar. El objetivo de este trabajo no es el desprecio de ti mismo. El objetivo de este trabajo es la verdad —verla, admitirla y descubrir qué hacer con ella. Este es un trabajo de toda la vida. Evita los atajos y desconfía de las respuestas fáciles. Evita hundirte en la fragilidad blanca. Cuestiónate a ti mismo cuando creas que finalmente lo has resuelto —siempre hay capas más profundas y continuarás reflexionando aún más a medida que continúes con este trabajo.

Tomémonos un momento para adentrarnos y recordar y encontrar los patrones detrás de todo lo que has aprendido hasta ahora acerca de cómo perpetúas la supremacía blanca. Y luego quédate allí. Permite que estos aprendizajes trabajen en ti y a través de ti.

REFLEXIÓN PARA EL DIARIO

1. ¿Qué has comenzado a ver y comprender acerca de tu complicidad personal en la supremacía blanca que no podías ver o comprender antes de comenzar este trabajo?

Semana 2

ANTINEGRITUD, ESTEREOTIPOS RACIALES Y APROPIACIÓN CULTURAL

En la semana 2, analizaremos la ceguera al color, la antinegritud y los estereotipos racistas.

Durante el desafío original en Instagram *#MeAndWhiteSupremacy* ("yo y la supremacía blanca"), incluí un aviso de contenido para la Semana 2 pidiendo a los participantes que no compartieran en sus redes sociales sus escritos de estos días en particular para no ofender o herir la sensibilidad de las personas BIPOC en sus comunidades. Durante los próximos siete días, iremos más allá de lo básico hacia la verdadera esencia de lo que tradicionalmente se considera racismo. Estamos pasando de los beneficios y comportamientos de la blanquitud y una comprensión más intelectual de la supremacía blanca a la forma en la que el racismo contra las personas BIPOC se ve en la práctica. Esto creará malestar, pero tu incomodidad será pequeña en comparación con el dolor que sienten las personas BIPOC al escucharte «confesar» esos pensamientos, creencias y acciones. Es importante que *tú* traigas estos pensamientos, creencias y acciones a tu percepción consciente para que comprendas cómo perpetúas la supremacía blanca, pero las personas BIPOC no necesitan oír estas confesiones. Es probable que ya estén conscientes de ellas (ya que siempre han estado en el lado receptor), y oírlas podría causar un dolor emocional injustificado. Por favor, sé tan honesto como puedas contigo mismo durante esta semana de trabajo y mantén en privado lo que escribas, o solo compártelo con otras personas que tengan privilegio blanco.

Por último, si eres una persona de color birracial, multirracial o que pasa por blanca, por favor ten en cuenta que esta semana es particularmente intensa. Es probable que te sientas empujado en dos direcciones diferentes durante esta semana: por un lado, al darte cuenta de que tu privilegio blanco significa que estás del lado del opresor, y por otro, al darte cuenta de que tu identidad racial no blanca significa que estás del lado de los oprimidos. Durante esta semana, te recomiendo ser amable contigo mismo mientras intentas navegar estas preguntas, pero sin huir de sus implicaciones. Además, sugeriría compartir tus pensamientos y experiencias respecto a este trabajo con otras personas como tú —personas de color birraciales, multirraciales o que pasan por blancas— ya que podrán comprender mejor y empatizar con lo que esta semana traerá para ti.

Día 8

TÚ Y LA CEGUERA AL COLOR

> «Las personas blancas piensan que es un cumplido cuando no te 'ven' como una persona negra».
>
> **— MORGAN JERKINS**

¿QUÉ ES LA CEGUERA AL COLOR?

La ceguera al color, en términos raciales, es la idea de que no «ves» el color. Que no notas diferencias en la raza. O de que si lo haces no tratas a las personas de manera diferente, o no oprimes a las personas en función de esas diferencias.

De niña, nunca pude entender por qué los padres blancos silenciaban a sus hijos cuando usaban la palabra *negro* para describir a una persona negra. «¡No digas eso! ¡Es algo grosero!» decían en voz baja, avergonzados de que su hijo hubiera dicho algo que aparentemente era ofensivo. Pero ¿qué lo hacía ofensivo? Yo *era* negra. Esta era una observación de una diferencia, no un juicio peyorativo. ¿Cómo se suponía que debían referirse a mí? A veces, estos padres iban más allá y decían cosas como «No son negros. Son solo personas». ¿Qué quería decir esto? ¿Y por qué era tan importante para ellos no decir la palabra *negro*? Con frecuencia esto me dejaba pensando, ¿era la palabra negro un sinónimo de "malo"? ¿Era mi color de piel una razón para avergonzarme? Y en ese caso, ¿se esperaba que yo actuara como si no fuera negra para que las personas blancas se sintieran más cómodas a mi alrededor?

Los niños pequeños entienden que la idea de que «no vemos el color» no tiene sentido. Tal vez no utilicen los términos de raza socialmente construidos que nosotros como adultos utilizamos, como *negro* o *blanco*, pero cuando se les pide que describan de qué color son ellos y de qué color son sus amigos, usan palabras como *marrón* y *melocotón* porque se ajustan a los colores que vienen en sus cajas de crayones. Cuando dibujan una imagen de ellos mismos y de sus amigos que es de un color diferente, eligen los colores que mejor combinan con los colores de piel que ven. Entonces, ¿por qué enseñamos a los niños a no ver el color? Más específicamente, ¿por qué a los niños blancos y a los niños con privilegio blanco se les suele enseñar esta idea de la ceguera al color?

Cuando he hecho estas preguntas a personas blancas señalándoles que sí ven el color, con frecuencia han respondido: «No quiero decir que literalmente no veo el color. Lo que quiero decir es que trato a todas las personas de la misma manera, independientemente de su color. Quiero decir que creo que todas las personas deben ser tratadas igual, sin importar de qué color sean». A veces continúan y agregan: «¡Hablar de diferentes razas es tan divisivo —genera racismo! Si simplemente dejáramos de hablar de blancos y negros y nos centráramos en los corazones de las personas, el racismo desaparecería». Y aquí es donde yacen las falsedades de la promesa de la ceguera al color racial.

La promesa de la Iglesia de la Ceguera al Color es que, si dejáramos de fijarnos en la raza, el racismo dejaría de existir. Que el racismo desaparecería no a través del despertar de la conciencia y de la denuncia del privilegio y el daño racial, ni a través del cambio sistémico e institucional, ni a través de la discusión a propósito de los desequilibrios en el poder, ni compensando por el daño histórico y actual, sino simplemente actuando como si la construcción social de la raza no tuviera consecuencias reales —tanto para quienes tienen privilegio blanco como para quienes no lo tienen. La creencia es que si actúas como si no vieras el color, no harás nada racista ni te beneficiarás del racismo. Y si también enseñas a tus hijos a no ver la raza, podrás crear una nueva generación de personas que no harán nada racista ni se beneficiarán del racismo. Desafortunadamente, no es así como funciona la supremacía blanca. El problema no desaparece porque te niegues a verlo. Y este tipo de pensamiento es, en el mejor de los casos, ingenuo. En el peor, es peligroso.

En su libro *Racismo sin racistas: el racismo de ceguera-al-color y la persistencia de la desigualdad racial en la América contemporánea* (Racism without Racists: Color-Blind Racism and the Persistence of Racial Inequality in Contemporary America), el autor puertorriqueño, sociólogo político y profesor de sociología Eduardo Bonilla-Silva escribe sobre el fenómeno del racismo de ceguera-al-color o lo que él llama «el nuevo racismo». En el primer capítulo de su libro, escribe:

> *Hoy en día, a excepción de los miembros de las organizaciones supremacistas blancas, pocas personas blancas en los Estados Unidos afirman ser «racistas». La mayoría de las personas blancas afirman que «no ven ningún color, solo personas»; que aunque la cara fea de la discriminación todavía está con nosotros, ya no es el factor central que determina las oportunidades de vida de las minorías; y, finalmente, que al igual que el Dr. Martin Luther King Jr., aspiran a vivir en una sociedad donde «las personas serán juzgadas por el contenido de su carácter, no por el color de su piel».*[16]

Suena como una perspectiva digna de admiración ¿no? El problema es que la filosofía de la ceguera al color no responde suficientemente a la pregunta de por qué, si no hay racistas, el racismo continúa existiendo. Si las personas blancas no ven el color, ¿por qué las personas BIPOC continúan experimentando opresión? Según los partidarios de la ceguera al color, eso no es culpa de las personas blancas. Bonilla-Silva continúa explicando:

> *Además, la mayoría de las personas blancas insisten en que las minorías (especialmente las personas negras) son las responsables de cualquier «problema racial» que tengamos en este país. Denuncian públicamente a las personas negras por «usar la carta del racismo», por exigir el mantenimiento de programas innecesarios y divisivos basados en la raza, como la acción afirmativa, y por gritar «racismo» cada vez que son criticados por las personas blancas. La mayoría de las personas blancas creen que, si las personas negras y otras minorías simplemente dejaran de enfocarse en el pasado, trabajaran duro y se quejaran menos (particularmente sobre la discriminación racial), entonces los estadounidenses de todos los colores podrían «llevarse bien».*[17]

Cuando se trata de la ceguera al color racial, lo que comienza como un propósito aparentemente noble (erradicar el racismo yendo más allá de la idea de la raza) se revela rápidamente como un truco de magia diseñado para absolver a las personas con privilegio blanco de tener que reconocer su complicidad en la defensa de la supremacía blanca. Hoy, observa cómo la ceguera al color transfiere la carga de abordar las consecuencias del racismo a las personas BIPOC al pedirles que dejen de hablar sobre el racismo y que simplemente trabajen más y que sean más como las personas blancas. La ceguera al color es una forma particularmente insidiosa para que las personas con privilegio blanco puedan pretender que su privilegio es una ficción.

¿CÓMO SE MANIFIESTA LA CEGUERA AL COLOR?

Algunas afirmaciones comunes asociadas con la ceguera al color:

- ✦ No veo colores, solo personas.

- ✦ ¡Ni siquiera te veo como negro!

- ✦ ¡No me importa si una persona es negra, blanca, verde, amarilla, morada o azul!

- ✦ Él/ella es una persona de color (cuando alguien se refiere a una persona negra, porque decir *negro* o *negra* lo hace sentir incómodo).

- ✦ No sé. No creo que eso haya sucedido porque eres negro. Yo también he experimentado algo así, y soy blanco (en respuesta a una persona negra que comparte su experiencia vivida de racismo).

- ✦ Hablar acerca de las razas provoca racismo/división racial.

- ✦ La acción afirmativa es racista.

¿POR QUÉ NECESITAS EXAMINAR LA CEGUERA AL COLOR?

La ceguera al color causa daño en múltiples niveles. En primera instancia, es un acto de minimización y supresión. Cuando le dices «No veo el color» a una persona BIPOC, estás diciendo «no importa quién eres, y no te veo como en realidad eres. Prefiero minimizar y borrar el impacto que causan tu color de piel, tu patrón de cabello, tu acento o tu idioma natal, tus prácticas culturales y tus tradiciones espirituales de persona BIPOC viviendo dentro del sistema de la supremacía blanca».

En segunda instancia, la ceguera al color es un acto de *gaslighting*. Es una forma cruel de hacer que las personas BIPOC crean que solo se están imaginando que están siendo tratadas de la manera en que en efecto están siendo tratadas debido al color de su piel, manteniéndolos así en una posición de desestabilización e inferioridad. Cuando son detenidas por agentes de seguridad del aeropuerto para un control aleatorio, las personas BIPOC se preguntan: «¿Es realmente aleatorio o se debe al color de mi piel?» Cuando son maltratadas por un jefe blanco, las personas BIPOC se preguntan: «¿Es realmente por mi comportamiento o se debe al color de mi piel?». Cuando reciben menor compensación que sus contrapartes blancas por participar en una conferencia, las personas BIPOC se preguntan: «¿Es realmente porque tengo menos experiencia o se debe al color de mi piel?».

Por último, la ceguera al color es una forma de evitar no solo mirar las razas de otras personas sino también la tuya. Con mucha frecuencia, las personas blancas se ven a sí mismas como «sin raza» o «normales», mientras todas las demás personas tienen una raza u otra. Así, no investigan cómo la idea de la ceguera al color los protege de tener que reflexionar sobre lo que significa ser una persona blanca en una sociedad supremacista blanca. Cuando te niegas a ver el color, te niegas a verte a ti mismo como una persona con privilegio blanco.

REFLEXIONES PARA EL DIARIO

1. Mientras crecías, ¿qué mensajes te enseñaron con relación a la ceguera al color y a ver el color?

2. ¿Cómo te sientes cuando las personas BIPOC hablan de la raza y el racismo?

3. ¿Cómo has causado daño a las personas BIPOC en tu vida al insistir en que no ves el color?

4. ¿Cuál es la primera emoción instintiva que surge cuando escuchas las palabras *personas blancas* o cuando tú tienes que decir *personas negras*?

5. ¿Qué piruetas mentales has hecho para no tener que ver tu propia raza (ni lo que aquellos con privilegio blanco han hecho colectivamente a las personas BIPOC)?

NOTA SOBRE LA ANTINEGRITUD
PARA LOS DÍAS 9 - 11

«Debido a que las personas negras simbolizan profundamente la raza en la conciencia de las personas blancas, cualquier persona blanca que desee cuestionar el racismo e involucrarse en prácticas antirracistas debe abordar específicamente los mensajes que ha internalizado acerca de las personas negras».

— ROBIN DIANGELO

Durante los próximos tres días, examinaremos la antinegritud. Antes de comenzar, quiero establecer una comprensión básica y una definición de antinegritud. El diccionario Merriam-Webster define *antinegro* como «opuesto u hostil hacia las personas negras», y el Movimiento por las Vidas Negras define el *racismo antinegro* como un «término utilizado para describir específicamente la discriminación, la violencia y los daños singulares que se les imponen e impactan específicamente a las personas negras».[18]

Durante el desafío *#MeandWhiteSupremacy* en Instagram, el Día 9 fue uno de los primeros días que realmente nos dejó sin aire —tanto a las personas que participaron en el desafío como a mí y a las otras mujeres negras que estaban observando cómo se desarrollaba el trabajo. Hasta este momento, habíamos estado hablando de aspectos más fundamentales de la supremacía blanca y del racismo. Todavía no habíamos hablado de las personas directamente afectadas por el racismo. También debo admitir que este fue el primer día del desafío en el que yo, siendo la facilitadora del trabajo, rompí a llorar. Digo todo esto para llegar a un punto: la antinegritud es fea. Duele. Y es necesario nombrarla por lo que es, porque cuando no se le nombra y no se le confronta cara a cara, todo este trabajo sigue siendo un ejercicio de intelectualización, puramente teórico. El trabajo antirracista que no rompe y abre el corazón no puede conducir a nadie a un cambio significativo.

Aunque uso las palabras *mujeres negras* y *hombres negros* para los días 9 y 10 y *niños negros* y *niñas negras* para el Día 11, te invito a ir más allá de las reducciones binarias de género y a reflexionar sobre tu antinegritud hacia las personas negras transgénero, no binarias y de género no conforme. Finalmente, ten en cuenta que cuando se trata de examinar la antinegritud, estamos hablando específicamente de personas negras, no personas de color en general, sino de personas negras de ascendencia africana.

Día 9

TÚ Y LA ANTINEGRITUD CONTRA LAS MUJERES NEGRAS

«Las mujeres negras sabemos lo que significa amarnos a nosotras mismas en un mundo que nos odia».

— BRITTNEY COOPER, *RABIA ELOCUENTE*
(ELOQUENT RAGE)

¿EN QUÉ CONSISTE LA ANTINEGRITUD CONTRA LAS MUJERES NEGRAS?

A finales de 2018, la actriz ganadora de los premios de la Academia, los Emmy y los Tony, Viola Davis, subió al escenario en el desayuno de las Mujeres en el Entretenimiento organizado por *Hollywood Reporter* para aceptar el Premio al Liderazgo Sherry Lansing. Durante su poderoso discurso de once minutos, Davis habló apasionadamente sobre lo que se siente ser una mujer negra en Hollywood:

> *Cuando comencé mi compañía de producción con mi esposo… la comenzamos porque me cansé de celebrar siempre películas que no me incluían… No me refiero a mí, Viola; me refiero a mí como mujer negra… Estaba cansada de ver el despliegue de imaginación de los guionistas cuando escribían*

sobre el desorden, la alegría, la belleza, la feminidad de los personajes blancos. Y tal vez, a una hora de haber empezado la película, se veía al obligatorio personaje negro aparecer sin más, a quien había que darle un nombre —realmente no hacía falta que lo tuviera— porque no sabes nada acerca de él o ella. E incluso cuando sabes algo sobre él o ella, siempre está todo romantizado. Tenemos que ser maternos. Tenemos que ser salvadores. Tenemos que hacer que ese personaje blanco se sienta mejor.[19]

Davis estaba hablando específicamente sobre la falta de representación y los estereotipos de las mujeres negras en las películas, pero esta misma actitud hacia las mujeres negras se consigue en cualquier medio, industria y espacio comunitario. Es sabido que Malcolm X denunció que las mujeres negras son la gente más irrespetada, desprotegida y descuidada de Estados Unidos. Creo que esa actitud hacia las mujeres negras también aplica fuera de Estados Unidos. Las mujeres negras provocan todo tipo de sentimientos en personas con privilegio blanco y personas de color que no son negras: miedo, temor, envidia, desdén, ira, deseo, confusión, lástima, celos, superioridad y más. A las mujeres negras se las sobrenaturaliza y se las pone en pedestales como reinas o como mujeres (negras) fuertes, o se las deshumaniza y se las considera indignas del mismo cuidado y atención que las mujeres blancas. Tanto la sobrenaturalización como la deshumanización son dañinas porque, como señala correctamente Davis en su discurso, no logran incluir a las mujeres negras en el desorden, la alegría, la belleza y la feminidad de las mujeres de otras razas.

Las mujeres negras muchas veces están insuficientemente representadas porque no son vistas como mujeres, y ni siquiera como personas como personas, de la manera en que las mujeres blancas lo son. Las mujeres negras con frecuencia se dibujan con una pincelada general y monolítica que las clasifica en estereotipos particulares que les roban su humanidad. En los Estados Unidos en particular, estos estereotipos han surgido de la violenta historia de esclavitud que tiene este país con personas y mujeres negras en particular. En su libro *Hermana ciudadana: vergüenza, estereotipos y mujeres negras en Estados Unidos* (Sister Citizen: Shame, Stereotypes, and Black Women in America), la autora, profesora y comentarista política Melissa V. Harris-Perry expone algunos de los principales estereotipos de las mujeres afroamericanas, incluidos la «Mammy», Jezabel, Zafiro y la Mujer Negra Fuerte.[20]

Estos nombres particulares de estereotipos se refieren específicamente a mujeres afroamericanas y nacen de una historia norteamericana distorsionada y violenta. Sin embargo, las mujeres negras de todo el mundo también experimentan esta perspectiva de la mirada blanca bajo la cual se las percibe como molestas, fuertes, agresivas y salvajes, y también de menor inteligencia y belleza que otras mujeres. Son vistas ya sea como la adversaria agresiva, la compinche pícara o la devota deferente de mujeres blancas. Esta percepción se vuelve más exagerada cuanto más oscura sea la piel de la mujer negra. Estas categorías no solo restringen el sentido de individualidad y dignidad singulares de las mujeres negras, sino que también llevan al maltrato, abuso e incluso la muerte. Un ejemplo de esto es la proliferación de la crisis de la salud materna de las mujeres negras en los Estados Unidos. Según el Centro para el Control y la Prevención de Enfermedades (CDC por sus siglas en inglés), las mujeres negras en los Estados Unidos tienen tres o cuatro veces más probabilidades de morir por causas relacionadas con el embarazo que sus contrapartes blancas.[21] Cuando las mujeres negras son vistas como más fuertes y menos dignas que sus contrapartes blancas, no es de extrañar que esto se traduzca al campo de la medicina. Como Harris-Perry escribe en *Hermana Ciudadana*, «es menos probable que los terapeutas perciban a una mujer negra como triste; en su lugar la ven como molesta o ansiosa».[22]

Como mujeres negras, incluso tenemos nuestra propia clase de misoginia dirigida hacia nosotras: *misoginoir*. Un término acuñado por la académica, escritora y activista feminista afroamericana Moya Bailey, *misoginoir* se define como «la marca particular de odio dirigida hacia las mujeres negras en la cultura visual y popular estadounidense».[23] Es un término que describe el lugar en el que el racismo y el sexismo anti-negro se encuentran, lo que hace que las mujeres negras enfrenten la opresión y la marginación bajo dos sistemas de opresión: la supremacía blanca y el patriarcado. Misoginoir refleja el trabajo que la profesora de derecho, defensora de los derechos civiles y erudita pionera de la teoría crítica de la raza Kimberlé Crenshaw ha dirigido sobre la interseccionalidad.

¿CÓMO SE MANIFIESTA LA ANTINEGRITUD CONTRA LAS MUJERES NEGRAS?

Los ejemplos de antinegritud contra las mujeres negras incluyen:

+ La estereotipación peyorativa y unidimensional de las mujeres negras en categorías tales como fuerte, molesta, servil, pícara, etcétera.

+ La representación insuficiente de las mujeres negras en puestos de liderazgo en todas las industrias y espacios comunitarios.

+ La representación insuficiente de las mujeres negras en los principales medios como la protagonista.

+ El desdén y el desprecio que se manifestaba en el pasado hacia el estilo y la belleza de las mujeres negras han sido reemplazados por la apropiación y el deseo de ese estilo y de esa belleza, siempre y cuando sean parte de cuerpos no negros.

+ La expectativa de que las mujeres negras carguen con el peso del trabajo emocional de desmantelar la supremacía blanca.

+ La expectativa de las mujeres blancas de que las mujeres negras deben elegir género sobre raza en el movimiento feminista, sin tener en cuenta el hecho de que las mujeres negras son negras y mujeres simultáneamente y que, por lo tanto, son afectadas por el sexismo y el racismo en todo momento.

+ Controlar el tono de las mujeres negras al percibirlas como demasiado molestas o demasiado agresivas para escucharlas o creerles.

+ Idealizar y fetichizar la fuerza, la belleza y la cultura de las mujeres negras.

+ Tocar el cabello de las mujeres negras sin su permiso.

+ Tener la expectativa de que las mujeres negras encajen en estereotipos y roles muy específicos y luego confundirse e incluso molestarse cuando no lo hacen.

+ Tomarte demasiada confianza con mujeres negras que no conoces en un intento de crear un sentido artificial de hermandad.

+ Juzgar a las madres negras como si fueran menos capaces, amables o amorosas que las madres blancas.

+ Desear elogios, consuelo, aprobación y reconocimiento de las mujeres negras para sentirte bien contigo mismo en tu camino hacia el antirracismo.

✦ Utilizar a tus amigas, parejas y familiares negras como símbolos para demostrar que no puedes ser racista o albergar antinegritud.

✦ Seguir el liderazgo de una mujer negra solo después de que otras personas blancas hayan mostrado que aprueban a esa mujer negra.

¿POR QUÉ NECESITAS EXAMINAR LA ANTINEGRITUD CONTRA LAS MUJERES NEGRAS?

Considero que el levantamiento y el empoderamiento de las mujeres negras es una de las mayores amenazas para la supremacía blanca. Sabiendo esto, la supremacía blanca trabaja particularmente duro para reprimir, debilitar, marginar, demonizar y causar daño a las mujeres negras.

Toda antinegritud, independientemente de a quién se dirija, encasilla a las personas negras como inferiores en todas las formas, excepto en las formas que puedan ser utilizadas por personas no negras para beneficio propio. Cuando se trata de las mujeres negras, este tratamiento se ve agravado por la marginación adicional a la que se enfrentan debido al sexismo. Desde los estereotipos negativos que atrapan a las mujeres negras en una imagen unidimensional hasta la forma en que los cuerpos de las mujeres negras han sido tratados no como los cuerpos de seres humanos sino como los cuerpos de animales, la antinegritud contra las mujeres negras está matando a las mujeres negras —tanto física como psicológicamente.

Tu forma de ser en tus relaciones con mujeres negras dice mucho sobre dónde te encuentras en tu camino antirracista. ¿Sientes que no puedes identificarte con las mujeres negras? ¿Codicias los atributos físicos de las mujeres negras, pero en secreto sientes desdén por ellas como personas? ¿Asumes que las mujeres negras son menos educadas, menos prósperas y capaces que tú? Estas son solo algunas señales de que albergas antinegritud contra las mujeres negras. Necesitas excavar, confrontar, y admitir esta antinegritud para que puedas practicar el antirracismo.

REFLEXIONES PARA EL DIARIO

1. Piensa en el país en el que vives. ¿Cuáles son algunos de los estereotipos raciales —explícitos e implícitos, históricos y modernos— asociados a las mujeres negras?

2. ¿Qué tipo de relaciones has tenido y tienes con las mujeres negras y qué tan profundas son estas relaciones?

3. ¿Cómo ves a las mujeres negras que son ciudadanas de tu país de manera diferente que a aquellas que han inmigrado recientemente?

4. ¿Cómo has tratado a las mujeres negras de piel más oscura de manera diferente que a aquellas de piel más clara?

5. ¿Cuáles son algunos de los estereotipos que has pensado y las suposiciones negativas que has hecho acerca de las mujeres negras y cómo han afectado la manera en que las has tratado?

6. ¿Cómo has esperado que las mujeres negras te sirvan o te calmen?

7. ¿Cómo has reaccionado ante la presencia de mujeres negras que no sienten culpa por su autoestima, autoexpresión, límites y negativa a someterse a la mirada blanca?

8. ¿Cómo has excluido, menospreciado, minimizado, utilizado, controlado el tono o proyectado tu fragilidad y superioridad blancas hacia las mujeres negras?

Día 10

TÚ Y LA ANTINEGRITUD CONTRA LOS HOMBRES NEGROS

> «Debido a que los hombres blancos no pueden controlar su imaginación, los hombres negros están muriendo».
>
> — CLAUDIA RANKINE

¿EN QUÉ CONSISTE LA ANTINEGRITUD CONTRA LOS HOMBRES NEGROS?

A principios de la década de 1990, mi padre llevó a nuestra familia a un viaje inolvidable. Pasamos unas vacaciones de verano navegando alrededor del mundo en el buque cisterna de propiedad danesa en el que trabajaba. Mi padre es de África Oriental y ha pasado toda su carrera trabajando en el mar como marinero. Desde que era un joven adulto, estudió mucho e invirtió tiempo y esfuerzo, abriéndose camino desde el rango de cadete hasta llegar a ser capitán.

Mi padre ha desafiado las narrativas de la supremacía blanca de lo que se «supone» que debe ser. Cuando nos dijo a mis dos hermanos menores y a mí que en realidad era el capitán del enorme barco, no podíamos creerlo. «Pero papá», dijimos, «¡no puedes ser el capitán! ¡Se supone que los capitanes son viejos y tienen barba!».

Él y mi madre rieron. Hasta ese momento, el único capitán que habíamos visto era el Capitán Birdseye, el anciano blanco que veíamos en los anuncios televisivos de los deditos de pescado Birdseye que nos encantaba comer en el almuerzo. Mirando hacia atrás, me doy cuenta de que lo que también quería decir era «No puedes ser el capitán. No eres blanco».

En mi opinión, *capitán* era una posición de alta autoridad y gran respeto en la sociedad en la que vivía, en la que nunca vi a hombres negros que se parecieran a mi padre. Al negarse a aceptar la noción de que los hombres negros no pertenecían a puestos de alta autoridad, mi padre nos mostró a mis hermanos y a mí que, sin importar lo que alguien más dijera, teníamos derecho a ser líderes. Teníamos derecho a ser y hacer lo que quisiéramos, donde quisiéramos.

Lamentablemente, este no es el mensaje que los hombres negros reciben de la sociedad supremacista blanca. Al igual que las mujeres negras, los hombres negros a menudo quedan atrapados en una imagen unidimensional de cómo y quién se supone que deben ser. En ninguna parte es esto más evidente que en los Estados Unidos, donde, al igual que con las mujeres negras, los estereotipos que surgen de la historia violenta de este país con los africanos han despojado a los hombres negros de su humanidad.

La película épica muda de 1915, *El nacimiento de una nación*, representaba a los hombres negros (interpretados por actores blancos en *blackface*) como poco inteligentes y sexualmente agresivos hacia las mujeres blancas —un mensaje de propaganda fabricado que se difundió una y otra vez para justificar el trato violento hacia los hombres negros como medida de protección de la inocencia y la pureza de las mujeres blancas. Un siglo después, este estereotipo del hombre negro sexualmente agresivo sigue vivo en la psique blanca colectiva, como se atestiguó desgarradoramente en la tragedia de los injustamente acusados Cinco del Central Park, que pasaron entre seis y trece años en la cárcel por delitos de agresión sexual ocurridos en 1989 que ellos no cometieron.

Durante el desafío *#MeAndWhiteSupremacy*, una de las frases que surgieron una y otra vez sobre los hombres negros, sin importar de qué parte del mundo era el participante, fue «Temo a los hombres negros».

Cuando no se teme la sexualidad de los hombres negros, muchas veces se la fetichiza. Los hombres negros son vistos con frecuencia como conquistas sexuales que están allí para satisfacer el apetito blanco con sus genitales supuestamente exagerados. A veces también se los ve como un medio para alcanzar un fin —una manera de procrear bebés birraciales, una forma de sentirse negro (léase: más atrevido, más *cool*) o una forma de irritar a padres blancos que se resisten a pensar que su hija o hijo blanco puedan tener una relación íntima con un hombre negro.

En los Estados Unidos, existe por supuesto una relación tensa y abusiva entre los hombres negros (y las personas negras) y el sistema judicial. Esto está habilitado en parte por personas blancas que constantemente llaman a la policía para acusar a hombres negros (y a personas negras) simplemente por existir. Un ejemplo impactante de esto sucedió en 2018, cuando dos hombres negros fueron arrestados mientras estaban sentados en silencio en un Starbucks en Filadelfia mientras esperaban encontrarse con un hombre blanco para una reunión de negocios. Se llamó a la policía simplemente porque los dos hombres no habían ordenado nada (mientras esperaban que apareciera un amigo).[24]

En la pantalla grande, un tropo cinematográfico hacia el cual el director de cine Spike Lee ha expresado frustración es el *negro mágico*, un personaje secundario negro que llega al rescate del protagonista blanco por medio de conocimientos especiales o poderes místicos.[25] Al igual que el estereotipo estadounidense de la mujer negra como la *Mammy*, el negro mágico posiciona a los hombres negros como personajes sobrenaturales, pero en última instancia desechables que existen solo para calmar y servir desinteresadamente a las personas blancas.

¿CÓMO SE MANIFIESTA LA ANTINEGRITUD CONTRA LOS HOMBRES NEGROS?

Los ejemplos de antinegritud contra los hombres negros incluyen:

✦ Estereotipar a los hombres negros como sexualmente agresivos, violentos, menos inteligentes, perezosos y criminales.

✦ Experimentar sorpresa cuando el comportamiento, la actitud o la personalidad de un hombre negro no encaja con estereotipos supremacistas blancos.

✦ Desear relaciones íntimas con hombres negros para escandalizar o sorprender a familiares o amigos blancos.

✦ Asumir que los hombres negros monetariamente exitosos son atletas, artistas o traficantes de drogas.

✦ Desear afinidad con o la aprobación de hombres negros para sentirte más «woke».

¿POR QUÉ NECESITAS EXAMINAR LA ANTINEGRITUD CONTRA LOS HOMBRES NEGROS?

La antinegritud contra los hombres negros defiende la visión colonialista de la supremacía blanca de los hombres negros como violentos, casi animales salvajes y bestias que son menos inteligentes que sus contrapartes blancas y que representan una amenaza para la mujer blanca y la sociedad en general. Esto es deshumanizante. Es fácil culpar al pasado o al sistema de justicia penal por estos tropos, pero es importante recordar que la supremacía blanca es un sistema que es mantenido por individuos que se benefician de ello. Y depende de cada individuo extraer, confrontar y admitir su parte de la narrativa que mantiene el sistema en funcionamiento.

Cuando los hombres negros son vistos inconscientemente en estas formas estereotipadas, se les limita tanto en la conciencia como en la práctica social con respecto a quién y qué pueden ser y dónde pueden estar. Esa aceleración de los latidos de tu corazón causada por tus temores cuando ves hombres negros, esa excitación fetichista de los hombres negros como conquistas sexuales, tu asombro cuando los hombres negros son tiernos y multidimensionales con sus emociones, y todas esas ideas que tienes sobre los hombres negros que los diferencian negativamente de los hombres blancos son señales claras de que albergas antinegritud contra los hombres negros. Extráela hoy y llega a su esencia para que puedas dejar de atrapar a los hombres negros en una historia de supremacía blanca de tu propia creación.

REFLEXIONES PARA EL DIARIO

1. Piensa en el país en el que vives. ¿Cuáles son algunos de los estereotipos raciales —explícitos e implícitos, históricos y modernos— asociados a los hombres negros?

2. ¿Cómo ves a los hombres negros que son ciudadanos de tu país de manera diferente que a aquellos que han inmigrado recientemente?

3. ¿Qué tipo de relaciones has tenido y tienes con los hombres negros y qué tan profundas son estas relaciones?

4. ¿Cómo has tratado a los hombres negros de piel más oscura de manera diferente que a aquellos de piel más clara?

5. ¿Cuáles son algunos de los estereotipos que has pensado y las suposiciones negativas que has hecho acerca de los hombres negros, y cómo han afectado la manera en que los has tratado?

6. ¿Cómo has excluido, menospreciado, minimizado, utilizado, controlado el tono o proyectado tu fragilidad y superioridad blancas hacia los hombres negros?

7. ¿Cómo has fetichizado a los hombres negros?

8. ¿Cuánta libertad das a los hombres negros en tu mente para que sean seres humanos complejos y multifacéticos?

Día 11

TÚ Y LA ANTINEGRITUD CONTRA LOS NIÑOS NEGROS

> «Las personas negras aman a sus hijos con una especie de obsesión. Ustedes son todo lo que tenemos, y llegan a nosotros estando ya en peligro.»
>
> — TA-NEHISI COATES

¿EN QUÉ CONSISTE LA ANTINEGRITUD CONTRA LOS NIÑOS NEGROS?

Las mujeres y los hombres negros de los que hablamos en los Días 9 y 10 fueron alguna vez niños negros. Los niños negros en el imaginario blanco a menudo empiezan siendo lindos. Lindos rostros marrones con lindo cabello rizado. Y luego, en algún momento, crecen y, en el imaginario blanco, de repente ya no son tan lindos. Cuando era pequeña, me pregunté muchas veces por qué mi madre se esforzaba tanto para que sobresaliéramos en la escuela. Ella no solo quería que lo hiciéramos bien; ella quería que brilláramos más que cualquier otro estudiante en nuestra clase. Por suerte, siempre he sido una persona ávida de aprender. Pero la presión de ser siempre la primera de la clase era dura. Ya de adulta, al recordar, puedo ver cuán abrumador debe haber sido criar a niños musulmanes negros en una sociedad antinegra, especialmente siendo una madre negra que tenía que criar niños sola mientras mi padre trabajaba en el mar varios meses del año. Estábamos en una sociedad que trataba a los negros y a los inmigrantes como si fuéramos menos inteligentes, menos civilizados, y menos dignos de logros y éxitos que todos los demás. Mi madre a menudo nos cuenta sobre nuestra infancia: «¡Quería que fueran los mejores!». Mis padres siempre han luchado por la excelencia, pero cuando pienso en las palabras de mi madre, también pienso que lo que quiso decir es que no quería que ninguna persona blanca tuviera ningún motivo para encasillarnos. Ella no quería que ninguna persona blanca nos limitara de acuerdo a lo que suponía que podrían ser la capacidad y el mérito de las personas negras. Mi madre quería hacernos a prueba de balas y sobrecargar nuestras mentes, sabiendo muy bien cómo la supremacía blanca trata a los niños negros.

Dos recientes estudios estadounidenses muestran cómo los niños negros experimentan la «adultización», la experiencia de ser vistos y tratados como si fueran mayores de lo que realmente son. En 2014, el académico Philip Goff y sus colegas publicaron un estudio experimental llamado «La esencia de la inocencia: consecuencias de deshumanizar a los niños negros» The Essence of Innocence: Consequences of Dehumanizing Black Children). Los hallazgos del estudio fueron que «los niños negros son vistos como mayores y menos inocentes y que provocan una concepción menos esencial de la infancia que sus pares blancos de la misma edad. Además, nuestros hallazgos demuestran que la asociación de negro/simio predijo verdaderas disparidades raciales en la violencia policial hacia los niños».[26] En otras palabras, el estudio mostró que, desde la edad de diez años, los niños negros son percibidos como mayores y más propensos a ser culpables que sus compañeros blancos y que la violencia policial contra ellos es mayormente justificada. Solo tenemos que ver a niños negros como Tamir Rice y Trayvon Martin que fueron asesinados porque no eran percibidos como niños, sino temidos como hombres negros que podían causar daño a cualquiera en cualquier momento.

En 2017, un estudio revolucionario estadounidense titulado *Niñez interrumpida: la supresión de la infancia de las niñas negras* (Girlhood Interrupted: The Erasure of Black Girls' Childhood) fue publicado por el Centro Legal de Pobreza y Desigualdad de Georgetown. El estudio proporcionó, por primera vez, datos que muestran que los adultos ven a las niñas negras como menos inocentes y más adultas que las niñas blancas, especialmente en el rango de edad de cinco a catorce años. Específicamente, el estudio encontró que, en comparación con las niñas blancas de la misma edad, se percibía que:

✦ Las niñas negras necesitan menos cuidados.
✦ Las niñas negras necesitan menos protección.
✦ Las niñas negras necesitan menos apoyo.
✦ Las niñas negras necesitan ser menos consoladas.
✦ Las niñas negras son más independientes.
✦ Las niñas negras saben más sobre temas de adultos.
✦ Las niñas negras saben más sobre sexo.[27]

Con respecto al tratamiento de las niñas negras en el sistema educativo, el estudio sugiere que «la percepción de las niñas negras como menos inocentes puede contribuir a un castigo más severo por parte de los educadores y los oficiales de recursos escolares. Además, la opinión de que las niñas negras necesitan menos cuidados, protección y apoyo y son más independientes puede traducirse en menos oportunidades de liderazgo y orientación en las escuelas». Y con respecto al tratamiento de las niñas negras en el sistema juvenil, el estudio sugiere que «la percepción de las niñas negras como menos inocentes y más adultas puede contribuir a un ejercicio de discrecionalidad más punitivo por parte de aquellos en posiciones de autoridad, un mayor uso de fuerza y sanciones más severas».[28]

La antinegritud y la adultización de los niños negros da como resultado que los niños negros no sean tratados como niños, sino como las personas negras adultas que el imaginario blanco determina acabarán siendo. Los niños negros son sobrehumanizados como si no experimentaran el mismo tipo de dolor, miedo y trauma que los niños blancos y deshumanizados como si no fueran dignos del mismo nivel de cuidado y atención que los niños blancos.

A modo de ejemplo, en 2015, Dajerria Becton, de quince años, fue arrastrada por el cabello, golpeada contra el suelo, inmovilizada y esposada por un agente de policía blanco mientras lloraba por su madre afuera de una fiesta en una piscina a la que estaba asistiendo.[29]

Los niños negros también son muchas veces compadecidos en el imaginario blanco, lo que conlleva a que las personas blancas quieran «salvarlos», ya sea de su propia negritud, de sus padres negros (que se ven a través de la mirada blanca como inferiores en su capacidad de ser padres en comparación con padres blancos), o en el caso del salvacionismo blanco en África, de su sufrimiento por ser «africanos pobres». Sin embargo, a menudo todo esto es solo otra forma en la que las personas blancas se afirman a sí mismas como buenas. No toma en cuenta lo que los niños realmente necesitan, sino que se centra en los imaginarios retorcidos de las personas blancas acerca de las personas negras.

¿CÓMO SE MANIFIESTA LA ANTINEGRITUD CONTRA LOS NIÑOS NEGROS?

Los ejemplos de antinegritud contra los niños negros incluyen:

+ Fetichizar sobre el deseo de tener o adoptar niños negros.

+ Compadecer a los niños negros.

✦ Querer «salvar» a los niños negros.

✦ Utilizar a los niños negros como accesorios; por ejemplo, ir a África en viajes de misiones para tomarse fotos con niños africanos.

✦ La adultización de los niños negros (tratándolos como mayores y menos inocentes que sus homólogos blancos).

✦ Ignorar a los niños negros.

✦ Creer que los niños negros son más fuertes que sus homólogos blancos.

✦ Creer que los niños negros son menos inteligentes que sus homólogos blancos.

✦ Utilizar a los niños negros para demostrar que usted o sus hijos no son racistas al ser demasiado amables con ellos o al querer que sus hijos sean amigos de ellos (esta es una forma de *tokenismo*).

¿POR QUÉ NECESITAS EXAMINAR LA ANTINEGRITUD CONTRA LOS NIÑOS NEGROS?

La antinegritud hacia las personas negras no comienza cuando son adultos. Comienza cuando son niños. Desde una edad temprana, los niños negros son tratados con menos cuidado y más sospecha que sus homólogos blancos, lo que significa que, a lo largo de sus vidas, las personas negras son tratadas como inferiores y dignas de racismo —tanto en pensamiento como en acción. Examinar tu relación con los niños negros es muy incómodo. Después de todo, los niños son inocentes. Sin embargo, la verdad es que algunos niños son tratados como si fueran menos inocentes que otros niños. Si realmente quieres llegar a la raíz de tu antinegritud, entonces debes comenzar desde el principio. Los niños negros no están exentos de tu antinegritud. Tienes la responsabilidad hoy de examinar esto de frente para poder erradicarlo y comprender cómo tu antinegritud inconsciente hacia los niños negros contribuye a una forma socialmente aceptada de tratar a los niños negros y a las personas negras como si fueran inferiores.

REFLEXIONES PARA EL DIARIO

1. Piensa en el país en el que vives. ¿Cuáles son algunos de los estereotipos raciales —explícitos e implícitos, históricos y modernos — asociados con los niños negros?

2. ¿Cómo ves a los niños negros que son ciudadanos de tu país de manera diferente que a aquellos que han inmigrado recientemente?

3. ¿Cómo has visto o ves a los niños negros cuando son pequeños, versus cuando llegan a la adolescencia y a la edad adulta?

4. ¿Cómo has tratado a los niños negros de manera diferente que a los niños blancos? ¿Y cómo has tratado a los niños negros de piel más oscura de manera diferente que a aquellos de piel más clara?

5. ¿Cómo has incurrido en tokenismo y fetichizado a los «lindos niños negros» o los «lindos niños mestizos»?

6. ¿Cómo has querido «salvar» a los niños negros?

7. Si eres un padre blanco o birracial de niños negros, ¿qué trabajo antirracista has estado practicando en ti mismo y en tus comunidades para hacer del mundo un espacio seguro para tus hijos? ¿Proteges a tus hijos cuando alguien los posiciona como el «otro» o te refugias en tu silencio blanco?

Día 12

TÚ Y LOS ESTEREOTIPOS RACISTAS

«Nosotros bárbaros
Bellos atemorizándolos
Tierra que tiembla y se sacude
Ser salvaje de nuevo, en voz alta».

—MONA HAYDAR

¿EN QUÉ CONSISTEN LOS ESTEREOTIPOS RACISTAS?

Aunque hemos pasado los últimos días analizando la antinegritud, la supremacía blanca no solo ha lastimado y asesinado a los negros. También ha hecho daño y asesinado a personas indígenas y personas de color (POC por sus siglas en inglés) de países de todo el mundo. Y al igual que existen estereotipos racistas sobre las personas negras, también hay estereotipos igualmente dañinos acerca de otros grupos de personas que no son blancas. La imposición de los estereotipos racistas en los medios de comunicación y en el subconsciente colectivo es la forma en que la supremacía blanca continúa manteniendo a las personas que no son blancas como el «otro», aquel que se debe temer, ridiculizar, marginar, criminalizar y deshumanizar. Los estereotipos racistas dentro de la supremacía blanca enfatizan una y otra vez que aquellos que no son «como nosotros» son diferentes y que, por lo tanto, representan una amenaza.

Antes de profundizar en la reflexión de hoy, es importante para mí hacer una pausa aquí y aclarar la diferencia entre prejuicio y racismo.

Todas las personas, independientemente de su raza, pueden tener cierto nivel de prejuicio hacia las personas que no son de la misma raza que ellos. Una persona de cualquier raza puede *prejuzgar* a una persona de cualquier otra raza basándose en estereotipos raciales negativos y otros factores. El prejuicio está mal, pero no es lo mismo que el racismo. El racismo es el acoplamiento del *prejuicio* con el *poder*, donde el grupo racial dominante (que en una sociedad supremacista blanca consiste en las personas con privilegio blanco) es capaz de dominar sobre todos los demás grupos raciales y afectar negativamente a esos grupos raciales en todos los niveles —personalmente, sistémicamente, e institucionalmente.

Por lo tanto, aunque una persona BIPOC puede tener prejuicios contra una persona blanca, no puede ejercer racismo en contra de esa persona. No tiene el *poder* (que viene con el privilegio blanco) y el respaldo de un *sistema de opresión* (llamado supremacía blanca) para poder convertir ese prejuicio en dominación y castigo de la manera que una persona blanca podría si la situación se invirtiera.

Los acrónimos BIPOC o POC pueden ser útiles lingüísticamente para transmitir la idea de que nos estamos refiriendo a personas que no tienen privilegio blanco, pero lo que ganamos en términos de facilitar la comunicación lo perdemos en términos de transmitir los matices de las experiencias que estos diferentes grupos raciales tienen con la supremacía blanca. Cuando decimos BIPOC o POC, estamos esencialmente agrupando a personas de todo tipo de culturas y experiencias raciales diferentes en un solo grupo ensamblado torpemente. Esto homogeniza sus experiencias y da la impresión de que todos experimentan la supremacía blanca de la misma forma, lo cual no es así.

La razón por la que elegí separar el tema de la antinegritud de aquel de la discriminación que enfrentan las personas indígenas y las POC es porque las personas negras también experimentan antinegritud por parte de dichas comunidades. Sin embargo, el hecho de que las personas indígenas y las POC que no son negras puedan albergar antinegritud no significa que no tengan sus propias experiencias de tensión y abuso con la supremacía blanca. Por esa razón, durante este día de trabajo, los invito a que analicen el acrónimo POC más profundamente, porque diferentes grupos raciales experimentan la supremacía blanca de diferentes maneras; incluso al desglosarlo por países o regiones, vemos que el racismo se experimenta de manera diferente.

Por ejemplo, en el grupo de personas llamadas ampliamente asiáticas, la supremacía blanca las impacta de diferentes maneras dependiendo de si son de Asia del Sur, Asia del Este o del Sudeste Asiático, ya que cada subgrupo tiene que lidiar con diferentes estereotipos racistas.

Estos son algunos de los grupos amplios que debes tomar en cuenta para las reflexiones de hoy:[30]

+ Personas asiáticas
+ Personas latinx
+ Personas indígenas
+ Personas árabes
+ Personas birraciales y multirraciales

Algunas cosas que se deben tener en cuenta al examinar los estereotipos racistas en contra de estos grupos:

+ Cada grupo en esta lista cubre muchos países y naciones, cada uno con su propia historia rica y compleja, tanto con la supremacía blanca/colonialismo como entre sí. Identifica cualquier ocasión en la que quieras tratar a cada grupo como un solo grupo homogéneo, en lugar de uno compuesto por diferentes países. Recuerda que el objetivo de la supremacía blanca es fundir a todos los «otros» raciales en un solo grupo para dominar y marginar.

✦ Las religiones no son razas. Sin embargo, algunas personas suelen experimentar discriminación y prejuicio religiosos asociados con ciertos grupos raciales, independientemente de si observan o no esa religión en particular o de si pertenecen o no a esa religión en particular. Por ejemplo, aunque árabe no es sinónimo de musulmán, los árabes no musulmanes pueden experimentar estereotipos islamofóbicos debido a la idea impulsada por los medios de que todos los musulmanes son árabes.

✦ Puedes pertenecer a un grupo que experimenta prejuicios, estereotipos y opresión manteniendo igualmente tu privilegio blanco o tu privilegio de pasar por blanco. Uno no cancela al otro, sino que más bien nos recuerda que se trata de ambos y no de ninguno.

✦ También es muy importante tener en cuenta el tema del colorismo. Las personas de piel más oscura a menudo experimentan más racismo que las personas de piel más clara.

✦ El hecho de que un estereotipo parezca positivo no significa que no sea dañino. Los estereotipos arrebatan la individualidad compleja de las personas y borran el impacto que la colonización ha tenido en el surgimiento de algunos de estos estereotipos.

¿CÓMO SE MANIFIESTAN
LOS ESTEREOTIPOS RACISTAS?

Los estereotipos racistas difieren según el grupo racial. A continuación, se encuentran algunos ejemplos de palabras que surgen de estereotipos racistas asociadas a veces con diferentes grupos (observa que estas difieren de un grupo a otro y también según el género):

+ Pobres
+ Perezosos
+ Menos educados
+ Menos inteligentes
+ Exóticos
+ Picantes
+ Espirituales
+ Sexistas
+ Oprimidos
+ Terroristas

+ Traficantes de drogas
+ Dominantes
+ Afeminados
+ Agresivos
+ Recatados
+ Alcohólicos
+ Obsesivos
+ Indefensos
+ Oportunistas

¿POR QUÉ NECESITAS EXAMINAR
LOS ESTEREOTIPOS RACISTAS?

Los estereotipos racistas continúan reforzando la idea de que aquellos que no tienen privilegio blanco no deberían recibir ese privilegio porque son diferentes, inferiores y una amenaza para la civilización blanca.

Los políticos, los legisladores y los medios de comunicación utilizan estereotipos racistas para justificar por qué ciertos grupos de personas merecen el trato que reciben. Es fácil culpar a aquellos en posiciones de liderazgo que promueven narrativas de estereotipos racistas. Pero ¿qué pasa con esas narrativas que tú mantienes y que continúan haciendo permisible que se hable de cierta manera y se trate de cierta manera a personas de otras razas?

Aunque suenan ridículos cuando se dicen en voz alta, los estereotipos racistas se procesan internamente como razones sutiles, peligrosas y aparentemente lógicas que explican por qué el racismo es justificado. Aunque nunca dirías o creerías conscientemente estos estereotipos en voz alta, viven dentro de ti. Y cuando se combinan con el poder que tienes como alguien con privilegio blanco, estos prejuicios te dan la capacidad de imponer la supremacía blanca.

Si inconscientemente crees que las personas indígenas son primitivas, o que los árabes son terroristas, o que las personas latinx son traficantes de drogas, entonces, en algún nivel, ver estos estereotipos reflejados en los mensajes de los medios tiene algún sentido para ti. Y, por lo tanto, en algún nivel, tiene sentido para ti que estos grupos de personas enfrenten el tipo de tratamiento que reciben por parte del sistema educativo, del sistema judicial, del sistema de salud, del sistema de inmigración, del sector laboral, etcétera. Descubrir tus estereotipos racistas te ayudará a ver cómo contribuyes activamente a la supremacía blanca al creer en las mentiras de la supremacía blanca sobre la inferioridad de aquellos que no se parecen a ti.

REFLEXIONES PARA EL DIARIO

¿Qué has aprendido sobre ti y los estereotipos racistas? Comienza haciendo una lista de los diferentes grupos raciales de personas que se encuentran en tu país. Cuando sea posible, divídelos en países.

1. ¿Cuáles son algunos de los estereotipos raciales en tu país —explícitos e implícitos, históricos y modernos— asociados con las personas indígenas y las personas POC no negras?

2. ¿Cuáles son los estereotipos, creencias y pensamientos racistas que tienes sobre los diferentes grupos raciales de personas? ¿De qué manera encasillas a todas estas personas en lugar de verlas como seres individuales y complejos?

3. ¿Cómo ves a las personas POC que son ciudadanas de tu país de manera diferente que a aquellas que han inmigrado recientemente? ¿Qué piensas de aquellas que están más asimiladas frente a aquellas que lo están menos (por ejemplo, si practican las normas sociales de tu país, si tienen acentos que suenan como el tuyo, etcétera)?

4. ¿Cómo ves y cómo tratas a los niños indígenas y a los niños no negros de color de manera diferente que a los niños blancos?

5. ¿Cómo ves y cómo tratas a las personas indígenas y POC de piel más oscura de manera diferente que a aquellas de piel más clara?

6. ¿De qué maneras has sobrehumanizado algunas partes de las identidades de las personas indígenas y POC mientras has deshumanizado otras?

Día 13

TÚ Y LA APROPIACIÓN CULTURAL

«Cuando perteneces al grupo privilegiado, no te sienta bien que alguien te diga que no puedes hacer algo».

— TIM WISE

¿EN QUÉ CONSISTE LA APROPIACIÓN CULTURAL?

Durante los últimos cinco días, has estado observando las formas específicas en las que has perpetuado inconscientemente la deshumanización de las personas BIPOC, ya sea a través del pensamiento o la acción, a través de la ceguera al color, la antinegritud o los estereotipos raciales. Hasta el momento, probablemente hayas comenzado a darte cuenta de que la supremacía blanca usualmente se manifiesta de alguna forma cuando interactúas con alguien que no tiene privilegio blanco. Siempre hay un poder jerárquico y una dinámica de privilegios en juego. En la parte superior de esa jerarquía están aquellos con privilegio blanco, ocupando una posición de superioridad institucional y psicológica. Y en la parte inferior de la jerarquía están aquellos sin privilegio blanco, ocupando una posición de inferioridad institucional y psicológica. Esta dinámica, de la mano con la violencia, es lo que hizo posible que ocurrieran la esclavitud y la colonización.

Hablar de apropiación cultural en el mundo moderno y globalizado de hoy es siempre complicado. Por un lado, debido a los avances en los viajes, la tecnología y al uso generalizado de Internet, estamos culturalmente conectados entre nosotros más que nunca. Esto suscita las siguientes preguntas: ¿cómo definimos la cultura? ¿cómo se constituye en el presente? ¿a quién le «pertenece» qué?

La apropiación cultural puede incluir la apropiación de objetos, motivos, símbolos, rituales, artefactos y otros elementos culturales que pertenecen a otra cultura. Sin embargo, una persona de un grupo racial puede pensar que algo ha sido culturalmente apropiado, mientras que otra persona de ese mismo grupo puede discrepar y considerarlo apreciación cultural, o intercambio cultural. Son factores como estos los que dificultan clasificar qué es la apropiación cultural, y por eso, evito hacer listas definitivas de lo que es y no es apropiación cultural. Dicho todo esto, aun así, debemos hablarlo, porque es una faceta de la supremacía blanca.

En su libro *Así que quieres hablar de raza raza* (So You Want to Talk about Race), la autora Ijeoma Oluo define a grandes rasgos la *apropiación cultural* como «la adopción o explotación de otra cultura por parte de una cultura más dominante».[31] Lo primero y más importante que debemos comprender por lo tanto acerca de la apropiación cultural es que ocurre entre una cultura *dominante* y una cultura *no dominante* o *marginada*. Para aclarar, lo que hace que una cultura sea dominante y otra no dominante no tiene nada que ver con detalles específicos de los países de donde provienen esas culturas (por ejemplo, el tamaño de la población, el PIB nacional o qué tanto se remonta la historia de esa cultura), sino que se trata de la relación histórica y actual que existe entre las dos culturas. Debemos preguntarnos si esa relación incluye la colonización, el robo de tierras, el secuestro masivo y la esclavitud, el intento de genocidio, la asimilación forzada, la segregación, la discriminación racial legalizada y el refuerzo de estereotipos racistas negativos. Si es así, la cultura que se ha beneficiado de esta opresión se identifica como la dominante, y la cultura que ha sufrido esta opresión se identifica como la no dominante. Cuando se considera la apropiación cultural en el contexto de la supremacía blanca y las personas BIPOC, queda claro que aquellos que tienen privilegio blanco siempre pertenecen a la cultura dominante.

Sé lo que puedes estar pensando. «Está bien, ¡pero todas esas cosas pertenecen al pasado! Además, ¿no es el intercambio cultural una forma de *solucionar* el racismo?». Estos argumentos, aunque atractivos, son fundamentalmente erróneos. Consideremos lo que hemos aprendido hasta el momento en este trabajo:

✦ **Ceguera al color**: aunque biológicamente todos somos una raza, las consecuencias de la construcción social de la raza siguen siendo muy reales. El argumento de que deberíamos actuar como una cultura humana gigante que comparte todo por igual funcionaría si no fuera por el racismo y la existencia de privilegios. El argumento de que «esas cosas pertenecen al pasado» intenta crear un presente posracial ficticio que no refleja nuestra realidad actual. No podemos simplemente hacer de cuenta que las experiencias vividas de las personas BIPOC bajo la supremacía blanca no ocurren. Y no podemos hacer de cuenta que una cultura que siempre ha tenido una posición de dominio y privilegio, es ahora mágicamente ciega al color y tiene una relación igualitaria con las culturas BIPOC.

✦ **Antinegritud:** La antinegritud definitivamente no es cosa del pasado y continúa marginando y perjudicando a las personas negras en todo el mundo hasta el día de hoy.

✦ **Estereotipos racistas:** Los estereotipos racistas siguen abundando en los medios de comunicación y en las mentes de las personas, causando marginación, pérdida de oportunidades, supresión, sospecha y ridículo. De nuevo, esto no es cosa del pasado. Además, los impactos de la historia racista todavía están presentes hoy. Las disparidades y discriminaciones iniciadas por capítulos históricos en el tiempo todavía existen hoy.

Entonces, cuando consideramos la historia y el presente, queda claro que la apreciación o el intercambio de una cultura a la que tu cultura ha oprimido históricamente y con la cual tú personalmente mantienes pensamientos de superioridad es muy difícil. La idea de que puedas apreciar en lugar de apropiarte de una cultura a la que ves como inferior a ti es muy dudosa. Muchas veces, lo que tú describes como apreciación cultural es una forma de *tokenizar* y exotizar mientras se continúa descartando y deshumanizando a las personas que realmente pertenecen a esa cultura. Muchas veces, los elementos culturales que son apropiados se despojan de su contexto cultural original, significado e importancia, y se utilizan de maneras que sirven y dan placer a la cultura blanca.

¿Significa eso que no puedes compartir ni usar ningún elemento de cualquier otra cultura excepto la tuya? Creo que esta no es la pregunta que debes hacerte porque solo puede producir una respuesta binaria de sí o no, y no vivimos en un mundo binario. Hay formas respetuosas y honrosas de apreciar otras culturas y eso comienza con preguntas más profundas como:

> *¿Cuál es la historia que existe entre mi cultura y esa cultura?*
> *¿Cuáles son algunos de los estereotipos negativos subconscientes y las creencias racistas que tengo hacia las personas de esa cultura?*
> *¿De qué maneras puedo compensar monetariamente a las personas que pertenecen a la cultura de la que estoy adquiriendo elementos culturales?*

¿De qué maneras estoy apoyando, protegiendo y elevando a las personas de esa cultura en mi comunidad?

¿Comprendo el significado histórico y lo sagrado de este elemento cultural para esa cultura?

¿Existe algo parecido a este elemento cultural en mi propia cultura? ¿Por qué es tan importante para mí participar en este elemento cultural con el riesgo de ofender a las personas de esa cultura?

¿Es posible para mí participar en este elemento cultural sin beneficiarme monetariamente en maneras en que las personas de esa cultura no lo podrían hacer?

Si me estoy beneficiando monetariamente, ¿hay formas en que pueda redirigir parte de ese beneficio hacia las personas de esa cultura?

Sabiendo lo que ahora sé sobre la supremacía blanca y yo, ¿qué tan bien se siente participar de este elemento cultural de la forma en que lo he estado haciendo hasta el momento?¿Hace falta cambiar algo? De ser así, ¿qué?

¿CÓMO SE MANIFIESTA LA APROPIACIÓN CULTURAL?

La apropiación cultural se manifiesta en varias esferas diferentes, que incluyen, pero no se limitan a lo siguiente:

+ **Ropa y accesorios:** la apropiación de estilos de ropa y accesorios de las culturas BIPOC generalmente por diseñadores blancos, a menudo sin crédito o atribución a la cultura original; el uso de simbología relacionada al *blackface*.

+ **Cabello:** la apropiación de peinados de herencia tradicionalmente africana por parte de personas que no son negras.

✦ **Belleza:** la apropiación de atributos físicos de personas BI-POC, por ejemplo, labios más gruesos, caderas y muslos más redondeados, piel más oscura (ya sea a través del bronceado o *Blackfishing*).

✦ **Espiritualidad:** la apropiación de ceremonias espirituales, rituales, iconografía, prácticas y objetos sagrados de personas BIPOC.

✦ **Bienestar:** la apropiación de prácticas de bienestar y modalidades de sanación tradicionales de personas BIPOC.

✦ **Música:** la apropiación de estilos de música negra, a menudo filtrados a través de una perspectiva blanca (por ejemplo, la música rap).

✦ **Fiestas y eventos culturales:** fiestas y eventos culturales que perpetúan prácticas de apropiación, como disfraces de Halloween o el uso del personaje de *blackface* «Zwarte Piet» o «Black Pete» en los Países Bajos para la celebración anual de Sinterklaasavond (Noche de San Nicolás).

✦ **Estilos lingüísticos:** la apropiación del AAVE (inglés vernáculo afroamericano) por personas que no son negras.

¿POR QUÉ NECESITAS EXAMINAR LA APROPIACIÓN CULTURAL?

Lo que hace que los actos de apropiación cultural sean dañinos no es el deseo de ser parte de una cultura diferente a la tuya. Más bien, es la dinámica de poder que existe entre la cultura dominante y la no dominante. A menudo, la apropiación llega acompañada de una supresión de la historia de origen de la práctica de la cultura no dominante, mientras que la cultura dominante puede beneficiarse —ya sea monetaria o socialmente— del acto de apropiación. Lo que se ve como inferior, incivilizado, menos avanzado, salvaje o feo cuando es propiedad de la cultura no dominante, de repente se ve como superior, avanzado, culto y hermoso cuando es utilizado por la cultura dominante. Por ejemplo, cuando las personas blancas usan AAVE, se las percibe como más *cool* o *woke*. Cuando las personas negras usan AAVE, son vistas como si fueran de un gueto, y menos educadas.

La apropiación cultural sostiene la ideología de la supremacía blanca de que las personas blancas pueden tomar lo que más les convenga de las personas negras y marrones sin consecuencias y que cuando una persona con privilegio blanco adopta algo de una cultura negra o marrón, de alguna manera se ve realzada porque ha adoptado algo «exótico». La apropiación cultural es coleccionar las partes que resultan llamativas de las culturas negras y marrones mientras se descarta a las personas que verdaderamente pertenecen a esas culturas.

Por último, la apropiación cultural reescribe la historia alrededor de la cultura blanca. Entonces, por ejemplo, aunque el yoga tiene sus raíces en la India como una práctica espiritual, actualmente se lo considera una práctica relacionada mayormente a personas blancas y a la salud física. Cuando pensamos en un instructor de yoga, nos imaginamos a una persona blanca. Mientras que a los nativos americanos históricamente se les prohibió mantener sus prácticas religiosas por medio de leyes y políticas gubernamentales, en la actualidad el New Age blanco se apodera y se beneficia monetariamente de estas prácticas, herramientas sagradas, plantas rituales y objetos ceremoniales. Los estilos de cabello de las personas negras han sido desestimados por ser menos hermosos (cuando los usan las personas negras), pero ahora el mundo predominantemente blanco de la moda, que históricamente ha descuidado el cuidado del cabello negro, se apropia de los estilos de cabello de personas negras como las trenzas y los nudos bantúes, llamándolos «provocadores» y «urbanos».

Aquello que la supremacía blanca alguna vez negó y denigró en razas enteras de personas contra las que ha discriminado, es de lo que ahora se apropia y mercantiliza. Esto es racismo, y debe ser combatido.

REFLEXIONES PARA EL DIARIO

1. ¿Cómo te has apropiado o te apropias de culturas no blancas?

2. ¿Qué acciones has tomado cuando has visto a otras personas blancas participar en apropiación cultural? ¿Les has dicho algo? ¿O has usado tu silencio blanco?

3. ¿Te han cuestionado por participar en apropiación cultural? ¿Cómo has respondido?

4. ¿Cómo te has beneficiado (social o monetariamente) de la apropiación cultural?

5. ¿Cómo has justificado la apropiación cultural diciendo que no se trata de algo «tan malo»? ¿Cómo te sientes acerca del tema luego de trece días de este trabajo?

Día 14

REPASO DE LA SEMANA 2

Esta semana de trabajo fue pesada. Fea. Probablemente has pensado en huir y olvidar que alguna vez oíste hablar de mí o de este trabajo. Pero estás aquí de todos modos, porque estás empezando a comprender cuál es el *verdadero* trabajo. Y una vez que comienzas a verlo, ya no puedes no hacerlo.

Durante la Semana 1 de este trabajo vimos lo que yo llamo lo básico, algunos de los comportamientos que sientan las bases para el pensamiento al estilo de la supremacía blanca. Durante esta segunda semana, nos enfrentamos a la fea bestia de cómo la supremacía blanca se manifiesta a través del mito de la ceguera al color y el racismo de la antinegritud, los estereotipos y la apropiación cultural. Si no hubieras hecho el trabajo fundacional de la Semana 1, no podrías haber enfrentado la Semana 2 y lograr ir más allá. Es fácil darnos cuenta de cómo el privilegio blanco, la fragilidad blanca, el control del tono, el silencio blanco, la superioridad blanca y el excepcionalismo blanco conducen a los pensamientos y comportamientos que hemos visto en la Semana 2.

La supremacía blanca, por lo tanto, no es una simple prueba acerca de por quién votas o qué relaciones tienes con las personas BIPOC, sino que es una serie de comportamientos, pensamientos y creencias sutiles, a menudo inconscientes, que cuando se combinan forman un rompecabezas realmente atemorizante. No es suficiente observar solo una o dos piezas del rompecabezas. Para ver la imagen completa, tenemos que examinar cada una de estas piezas y entender entonces la historia que nos han contado, en su totalidad.

REFLEXIONES PARA EL DIARIO

1. ¿Qué has comenzado a ver que no puedes dejar de ver?

2. ¿Qué has comenzado a descubrir sobre ti mismo cuando se trata de la supremacía blanca?

3. ¿Qué te han mostrado estos últimos trece días (especialmente los últimos seis días) sobre cómo funciona la supremacía blanca a través de ti?

4. ¿Qué ha aprendido sobre las formas deshumanizadoras en las que ves y tratas a las personas BIPOC y por qué?

5. ¿Qué has aprendido sobre ti y la antinegritud?

6. Si eres birracial, multirracial o una persona de color que tiene privilegio blanco, ¿qué ha traído a la superficie esta semana? ¿Cómo puedes encontrar balance y cuidado para ti mismo después de la intensidad de esta semana?

7. Si llegaste a este libro pensando que eras «una de las buenas personas blancas» o un aliado de las personas BIPOC, ¿cómo te sientes al respecto ahora?

8. ¿Cómo empiezas a ver de manera diferente tu privilegio blanco, fragilidad blanca, control blanco del tono, silencio blanco, superioridad blanca y excepcionalismo blanco?

Semana 3

APOYO ALIADO

En la Semana 3, examinamos el concepto de apoyo aliado y los comportamientos, pensamientos y acciones que a menudo distorsionan lo que este término significa. Comenzamos la semana con la apatía blanca, algo que tal vez estés sintiendo después de catorce días de este trabajo. Luego pasamos a ver algunos de los comportamientos que se interponen en el camino de la práctica del apoyo aliado antirracista.

Antes de adentrarnos en esta semana, aclaremos qué queremos decir cuando hablamos del apoyo aliado. Una definición del *apoyo aliado* que realmente resuena en mí es la que utiliza la organización PeerNetBC. Definen el apoyo aliado como «una práctica activa, consistente y desafiante de desaprender y reevaluar, en la que una persona privilegiada busca trabajar en solidaridad con un grupo marginado. El apoyo aliado no es una identidad —es una labor de por vida de construcción de relaciones basadas en la confianza, la consistencia y la responsabilidad con individuos y/o grupos marginados. El apoyo aliado no se autodefine —nuestro trabajo y nuestros esfuerzos deben ser reconocidos por las personas con las que buscamos aliarnos».[32]

Lo primero que hay que comprender es que el apoyo aliado no es una identidad sino una práctica. Una persona que tiene privilegio blanco no puede autoproclamarse una aliada de las personas BIPOC, sino que debe practicar esa alianza constantemente. Y una persona que tiene privilegio blanco no puede juzgar si lo que está practicando es en realidad un apoyo aliado, porque lo que considera como apoyo aliado podría tratarse de etnocentrismo blanco, *tokenismo*, salvacionismo blanco o apoyo aliado óptico. La intención de esta semana de trabajo es ayudarte a comprender mejor cómo estás mostrando (o no mostrando) tu apoyo aliado y ayudarte a ser más consciente de las formas en que estás haciendo más daño que bien a pesar de tus buenas intenciones.

Día 15

TÚ Y LA APATÍA BLANCA

«Nuestra humanidad vale un poco de incomodidad; de hecho, vale *mucha* incomodidad».

— IJEOMA OLUO

¿EN QUÉ CONSISTE LA APATÍA BLANCA?

El diccionario Merriam-Webster define *apatía* como «falta de sentimiento o emoción; falta de interés o preocupación» y da los sinónimos «indiferencia, despreocupación, pasividad, desapego, insensibilidad, desapasionamiento, desconsideración».[33]

La apatía blanca surge como una respuesta de autoconservación para protegerte de tener que enfrentar tu complicidad en el sistema de opresión de la supremacía blanca. Pero como el silencio blanco, la apatía blanca no es neutral. Es fácil juzgar los actos de racismo intencionales y planificados como la única manifestación de la supremacía blanca. Sin embargo, la no acción intencional de la apatía blanca es tan peligrosa como las acciones racistas intencionales.

La apatía blanca no es agresiva, pero es mortal en su pasividad. A través del desapego y la indiferencia al daño racial, la apatía blanca dice: «Es realmente triste que esto esté sucediendo, pero no es mi problema». La apatía blanca, por lo tanto, intenta imponer la idea de que la supremacía blanca es un problema de las personas BIPOC y no un problema creado y mantenido por personas con privilegio blanco. La apatía blanca dice a las personas BIPOC: «Me gustaría poder contribuir a tu causa. Pero desafortunadamente, estoy demasiado ocupado. Estoy demasiado cansado. Lamentablemente, no es una prioridad para mí en este momento. Tal vez cuando pueda conseguir un poco más de espacio para mí, pueda dedicar un tiempo para ayudarte. Hasta entonces, todo lo mejor».

Pero desmantelar la supremacía blanca no es una causa caritativa. No es una campaña de concientización de redes sociales o una recaudación de fondos en Kickstarter. Es un sistema de opresión que confiere ventajas y privilegios no ganados a un grupo de personas a expensas de otros grupos de personas. Es una ideología que perpetúa el daño a través de la discriminación, el abuso, los estereotipos racistas y la criminalización. Si las personas con privilegio blanco tienen una sensación de apatía respecto al desmantelamiento de este sistema, imagina cómo se sienten las personas BIPOC al tener que enfrentarlo todos los días.

La apatía blanca es la decisión de permanecer en la comodidad cálida y segura de la supremacía blanca y de los privilegios que ofrece.

Hay varios factores que hemos visto, hasta el momento, que contribuyen a la apatía blanca:

El privilegio blanco

El privilegio de ser blanco significa no tener que lidiar con la supremacía blanca si uno elige no hacerlo. Después de todo, la supremacía blanca beneficia de maneras muy atractivas a aquellos que son blancos o que pasan por blancos. La apatía blanca dice: «¿Por qué descartar estos privilegios? Hay mucho que perder, y poco que ganar».

La fragilidad blanca

La fragilidad blanca causa tanta incomodidad que es fácil decidir que no vale la pena y volver a la comodidad de la supremacía blanca. La apatía blanca es como una manta cálida que dice: «Esto es demasiado difícil. Volvamos a dormir».

El silencio blanco

El silencio blanco y la apatía blanca van de la mano, alimentándose el uno al otro. Permaneces en silencio porque eres apático al racismo, y tu apatía alimenta aún más el silencio.

El excepcionalismo blanco

El pensamiento «yo soy una de las personas blancas buenas» te hace suponer que no eres racista y que, por lo tanto, no tienes que hacer nada más para practicar el antirracismo. El excepcionalismo te da una falsa sensación de orgullo que es realmente una apatía blanca disfrazada.

Ceguera al color

Si crees que estamos en un momento posracial en la historia, entonces no sientes la urgencia de practicar el antirracismo. De hecho, es fácil convencerte a ti mismo de que tu elección de no «ver el color» te hace antirracista y que, por lo tanto, no queda más trabajo por hacer. Practicas la apatía blanca mientras te convences de que estás practicando el antirracismo.

Antinegritud y estereotipos racistas

Estos pensamientos subconscientes profundamente arraigados originan la creencia de que, en algún nivel, las personas BIPOC merecen el tratamiento que enfrentan porque son inferiores, vagas, feas, peligrosas, incivilizadas, indignas, etcétera. La apatía dice aquí: «Desearía que el racismo no fuera una realidad, pero las personas BIPOC prácticamente se lo buscan por ser lo que son». Este tipo de justificación proviene de la superioridad blanca.

¿CÓMO SE MANIFIESTA LA APATÍA BLANCA?

A continuación, algunos ejemplos de la apatía blanca en acción:

+ Utilizar las excusas de la pereza, el cansancio, el miedo, el aburrimiento, la insensibilidad o el perfeccionismo, alejándote de las noticias, además de otros sentimientos y acciones apáticos cuando se trata de participar en la práctica antirracista.

+ Hacer muy poco o ningún trabajo antirracista y, por lo tanto, no comprender su urgencia.

+ Practicar el silencio blanco, el excepcionalismo blanco y la inacción debido a tu apego a la idea de que eres una «persona blanca buena».

+ Utilizar tu alta sensibilidad, alta introversión o problemas personales y de salud mental para optar por no hacer el trabajo, ignorando el hecho de que existen personas BIPOC que también son muy sensibles, altamente introvertidas y con problemas de salud mental y personales que no pueden optar por no estar en el lado receptor de tu racismo.

+ No asumir la responsabilidad personal de tu propia educación antirracista (es decir, no buscar libros, *podcasts*, vídeos, películas, artículos, clases y otros recursos que puedan ayudarte a aumentar tu comprensión acerca del racismo y cómo desmantelar la supremacía blanca).

✦ Complicar en exceso lo que se necesita para practicar el antirracismo, utilizando varias excusas que te permiten postergar o sentirte abrumado por el trabajo que debe hacerse.

✦ Minimizar los efectos del racismo diciéndote a ti mismo «no es algo tan malo» o que las personas BIPOC están «usando la carta del racismo».

✦ Ser franco en asuntos no relacionados con el racismo, pero silencioso en asuntos que afectan a las personas BIPOC. Un ejemplo reciente de esto es la oleada de mujeres blancas que participaron en la primera protesta de la Marcha de las Mujeres en los Estados Unidos el 21 de enero de 2017 (el día después de la toma de posesión del presidente Donald Trump) versus cuántas de estas mujeres participaron en protestas tales como *Black Lives Matter*.

✦ Utilizar el perfeccionismo para evitar hacer el trabajo y temer usar tu voz o participar en iniciativas antirracistas hasta que no estés enterado perfectamente de todo y puedas evitar que te cuestionen por cometer errores.

✦ Sentirte frustrado e incómodo al darte cuenta de que no hay soluciones fáciles o seguras en este trabajo. Esta frustración puede conducir a una sensación de apatía al pensar: «¿Cuál es el punto?».

✦ Utilizar la excusa de que debido a que tú no creaste la supremacía blanca, no es tu responsabilidad trabajar en desmantelarla.

✦ Utilizar la excusa de que debido a que el proceso de desmantelamiento de la supremacía blanca es tan abrumador, y que
muchos aspectos de esta práctica están fuera de tu control,
no tiene sentido ni siquiera intentarlo porque de todos modos no tendrá un impacto lo suficientemente grande como
para importar.

¿POR QUÉ NECESITAS EXAMINAR LA APATÍA BLANCA?

La apatía blanca es otro componente importante que mantiene
la supremacía blanca en su lugar como *statu quo*. La supremacía
blanca mantiene a las personas con privilegio blanco a ciegas y
apáticas, impidiéndoles hacer este trabajo. No se trata de que no
te importaran las personas BIPOC. Es que no te importaron lo
suficiente como para que fueran una de tus prioridades. No hay
ganancia personal para las personas con privilegio blanco al hacer
este trabajo, pero sí hay mucho que perder en términos de privilegio y poder.

Los políticos que usan el miedo al «otro» para obtener apoyo
están recurriendo al miedo de perder el privilegio. Estos políticos
impulsan una retórica que dice que si permitimos entrar a estas personas y les damos los privilegios y el poder que tenemos,
nos quitarán todo: nuestros trabajos, nuestros hogares, nuestros
bienes, nuestra seguridad y todo lo que nos hace quienes somos.
Aunque esta retórica racista te parezca vil a nivel consciente y no
apoyes a los políticos que la promueven, en un nivel inconsciente
la supremacía blanca te está diciendo lo mismo. Y lo has aceptado,
de cabo a rabo. La supremacía blanca te dice que no luches por lo
que es correcto, que no te involucres en el desmantelamiento de
un sistema que te beneficia, porque si lo haces, perderás todo lo
que te hace quien crees que eres: una persona que ha sido condicionada a que piense que es superior a las personas de otras razas.
La mente condicionada quiere aferrarse a lo que sabe y lo que la

ha mantenido a salvo, incluso a riesgo de infringir daño a otras personas en el proceso.

Luchar contra tu propia apatía blanca es luchar contra la supremacía blanca. Resistir el impulso de poner excusas, mantenerte desapegado, retirarte en silencio, evitar la responsabilidad, y además aceptar las complejidades de este trabajo, es participar en la práctica del antirracismo.

REFLEXIONES PARA EL DIARIO

1. ¿De qué maneras has sido apático respecto al racismo?

2. ¿De qué maneras has observado a las personas con privilegio blanco en tus comunidades (familia, amigos, trabajo) ser apáticas respecto al racismo?

Día 16

TÚ Y EL ETNOCENTRISMO BLANCO

> «He recibido críticas en el pasado acusándome de no escribir sobre personas blancas... como si nuestras vidas no tuvieran sentido ni profundidad sin la mirada blanca. Y he pasado toda mi vida como escritora tratando de asegurarme de que la mirada blanca no fuese la dominante en ninguno de mis libros».
>
> — TONI MORRISON

¿EN QUÉ CONSISTE EL ETNOCENTRISMO BLANCO?

La cita anterior está tomada de una entrevista transmitida en la década de 1990, entre el periodista de televisión y presentador de programas de entrevistas Charlie Rose y la aclamada autora Toni Morrison. Durante esta parte de la entrevista, Morrison estaba respondiendo a una pregunta que estaba cansada de recibir una y otra vez por parte de los periodistas: «¿Cuándo vas a escribir libros que no sean sobre raza?». En otras palabras, lo que le preguntaban era que cuándo iba a escribir libros que no pusieran a las personas negras en el centro, por fuera de la mirada blanca. El mensaje subliminal de la pregunta parecía ser que su decisión de no incluir personas blancas como personajes centrales en sus novelas y su elección de no abordar la negritud a través de la perspectiva blanca hacía que su obra literaria se considerase de clase baja, menos convencional, menos relevante. Debido a que su escritura no centraba a personajes blancos como los héroes de la historia, o como el asunto principal con el cual las personas negras debían lidiar, se la juzgaba como si de alguna manera fuera menos creíble. En la entrevista, Morrison explica que escritores blancos como Leo Tolstoy también escribieron sobre la raza, pero ya que «ser blanco no es visto como una raza, nadie pregunta cuándo los escritores blancos escribirán por fuera de la raza blanca».[34]

Recuerdo haber visto esta entrevista hace unos años y haber quedado profundamente impresionada por las respuestas de Morrison. Hizo que me diera cuenta de cómo la raza blanca se ve como la «normal» y las razas no blancas se ven como las «otras». Me sentí frustrada porque la pregunta que parecía que realmente le estaban haciendo a Morrison era «¿Cuándo vas a dejar de lado tu negritud y escribir acerca de cosas que son más relevantes para las personas blancas?» y me hizo pensar en todas las otras formas en las que veía el etnocentrismo blanco como una parte normal de la vida. Piensa en las películas, los libros, los podcasts, los programas de televisión, las revistas, los espacios de bienestar y los líderes con los que te encuentras todos los días. ¿Quién está sobrerrepresentado? ¿Quién está subrepresentado? ¿Quién es visto como la norma y quién es visto como marginal?

Cuando comencé a entrevistar principalmente a mujeres negras y de color en mi podcast, a veces recibí la pregunta de personas con privilegio blanco: ¿es este podcast para nosotros? Me hizo pensar si acaso, cuando un *podcast* cuenta principalmente con invitados blancos, debería preguntarme si es para mí. Este es un ejemplo de etnocentrismo blanco —la idea de que cuando un trabajo creativo incluye principalmente a personas blancas es para todos, pero si incluye principalmente a personas BIPOC, solo es relevante para las personas BIPOC.

El etnocentrismo blanco consiste en poner en el centro a las personas blancas, sus valores, sus normas y sus sentimientos sobre todo y todos los demás. Si pensamos en la definición de la supremacía blanca, el etnocentrismo blanco tiene sentido. La supremacía blanca es la idea de que las personas blancas o las que pasan por blancas son superiores y, por lo tanto, merecen dominar sobre las personas que no son blancas. Bajo la supremacía blanca, la blanquitud se centra como la norma. Todas las demás personas son vistas como marginales. La blanquitud es vista como el valor más alto de rectitud, bondad, verdad, excelencia y dignidad.

El etnocentrismo blanco es una consecuencia natural de la supremacía blanca. Si inconscientemente crees que eres superior, entonces inconscientemente creerás que tu visión del mundo es también superior, la normal, la correcta y la que merece estar en el centro.

El auto-centrismo es algo natural que todos hacemos como seres humanos individuales. Nuestros egos nos hacen ver las cosas desde una perspectiva auto-céntrica: ¿cómo es esto importante para *mí*? Sin embargo, el etnocentrismo blanco es un ego colectivo que pregunta "¿cómo es esto importante para *nosotros*?" El etnocentrismo blanco descarta todas las otras narrativas como menos importantes, lo cual fue exactamente lo que Morrison eligió subvertir conscientemente cuando dijo: «He pasado toda mi vida como escritora tratando de asegurarme de que la mirada blanca no fuese la dominante en ninguno de mis libros».[35] Esto no es algo que las personas con privilegio blanco tengan que pensar conscientemente o elegir intencionalmente. Bajo la supremacía blanca, las narrativas no blancas se consideran usualmente menos relevantes, excepto cuando son asimiladas a través de la apropiación cultural o reimaginadas a través de una perspectiva blanca.

¿CÓMO SE MANIFIESTA EL ETNOCENTRISMO BLANCO?

A continuación, algunos ejemplos del etnocentrismo blanco en acción:

✦ La sobrerrepresentación de personas con privilegio blanco y de narrativas centradas en las personas blancas en las películas, el arte, los libros y otros espacios creativos.

✦ La sobrerrepresentación de personas con privilegio blanco en posiciones de liderazgo y éxito.

✦ El feminismo blanco (que se tratará más adelante en este libro), un tipo de feminismo que se centra solo en la lucha de género, porque supone que la raza no es una fuente de opresión o discriminación para las personas con privilegio blanco.

✦ La reinterpretación de eventos históricos y festividades culturalmente significativas a través de una narrativa centrada en las personas blancas que borra o minimiza las narrativas de las personas BIPOC, como la festividad estadounidense de Acción de Gracias, la festividad australiana del Día de Australia, o la festividad holandesa de la Víspera de San Nicolás.

✦ El salvacionismo blanco (que se discutirá más adelante en este libro), que presenta a las personas BIPOC como menos civilizadas o avanzadas que las personas blancas y que, por lo tanto, necesitan ser «salvadas» por las personas blancas que son vistas como más civilizadas y avanzadas.

✦ El control del tono, ya que exige a las personas BIPOC que hablen en tonos que se consideran aceptables para aquellos con privilegio blanco.

✦ La afirmación y la valoración de los estándares europeos de belleza sobre los estándares de las personas BIPOC (por ejemplo: cabello lacio, ojos azules, piel blanca o clara, nariz más pequeña).

✦ Enfocarse en cómo el trabajo antirracista hace sentir a las personas con privilegio blanco en lugar de en cómo el racismo hace sentir a las personas BIPOC. La apatía blanca es una forma de etnocentrismo blanco, ya que se centra más en cuán agotador y abrumador es el antirracismo para las personas con privilegio blanco en lugar de en cuán perjudicial y abusivo es el racismo para las personas BIPOC.

✦ La respuesta de *#AllLivesMatter* (todas las vidas importan) o *#BlueLivesMatter* (las vidas azules importan) al movimiento *#BlackLivesMatter* (las vidas negras importan), sin comprender que este movimiento de justicia social no tendría que existir si todas las vidas fueran consideradas igual de importantes.

✦ La reacción de la fragilidad blanca cuando se crean espacios exclusivos para las personas BIPOC, cuando se ignoran los sentimientos blancos durante las conversaciones raciales, cuando se usan hashtags del tipo *#BlackGirlMagic*, cuando se cuestiona la apropiación cultural, o cuando las personas BIPOC están en posiciones de liderazgo.

¿POR QUÉ NECESITAS EXAMINAR EL ETNOCENTRISMO BLANCO?

Como un pez no puede ver el agua en la que nada, y como nosotros los seres humanos no podemos ver el aire que respiramos, el etnocentrismo blanco es una red invisible que sostiene la supremacía blanca. Si bien es fácil ver y señalar al racista activo que usa insultos raciales, es casi imposible ver el racismo cotidiano que margina y borra a las personas BIPOC a través del etnocentrismo blanco. El etnocentrismo blanco es tan normal que apenas se registra como algo que necesita ser interrumpido o alterado, y eso es exactamente lo que lo convierte en un aspecto peligroso de la supremacía blanca.

El etnocentrismo blanco solo es invisible para aquellos a quienes no se les ha enseñado a verlo. La pregunta es, cuando tú lo notes, ¿elegirás alterarlo o te volverás hacia la cálida comodidad de la apatía blanca? La alteración del etnocentrismo blanco empieza con cuestionar cómo ocurre en tu propia mente y comportamiento. Al considerar el tema de hoy, pregúntate: ¿Otorgas más credibilidad, respeto, valor y energía a las personas con privilegio blanco y a sus narrativas sobre las personas BIPOC y sus narrativas? ¿Cuestionas, descartas o sientes ambivalencia hacia las personas BIPOC cuando interrumpen tu visión etnocéntrica del mundo? ¿Haces un esfuerzo intencional para interrumpir el etnocentrismo blanco cuando lo notas, exigiendo por ejemplo una mayor representación de las personas BIPOC? Durante tu trabajo antirracista, ¿te enfocas más en cómo te sientes tú en lugar de considerar cómo afecta el racismo a las personas BIPOC? Cuando aprendes en qué consiste el etnocentrismo blanco, puedes aprender cómo descentrar ese etnocentrismo y, en consecuencia, cómo interrumpir la supremacía blanca.

La supremacía blanca hace que las personas con privilegio blanco teman que su blanquitud sea descentrada porque se les ha enseñado a creer que, si el mundo no está centrado en las personas blancas, entonces están siendo marginadas y oprimidas. Pero descentrar la blanquitud no significa ser inferior a las personas BIPOC. Esta idea simplemente alimenta el paradigma jerárquico que impulsa la supremacía blanca: que una raza debe estar por encima de las demás. Descentrar la blanquitud significa aprender a dejar de defender la blanquitud como la norma y, en cambio, aprender a vivir y operar de una manera más inclusiva.

La supremacía blanca no quiere igualdad; quiere dominación. Por eso es tan complicado como importante descentrar la blanquitud. Porque cuando se descentra, se abre la posibilidad de que las personas BIPOC sean consideradas como iguales. Cuando se descentra la blanquitud, la supremacía blanca pierde su poder.

REFLEXIONES PARA EL DIARIO

1. ¿Cómo está centrada tu visión del mundo en la blanquitud?

2. ¿Cómo has reaccionado cuando la blanquitud o cuando tú como persona blanca no están en el centro de los espacios y las conversaciones?

3. ¿Cómo has juzgado a las personas BIPOC cuando no están a la altura de los estándares enfocados en la blanquitud?

4. Como persona con privilegio blanco, ¿de qué manera te has puesto en el centro de espacios y conversaciones no blancos?

5. ¿Qué comienzas a comprender acerca de cómo el etnocentrismo blanco afecta a las personas BIPOC?

Día 17

TÚ Y EL *TOKENISMO*

«La norma es blanca, aparentemente, en la opinión de las personas que ven las cosas de esa manera. Para ellos, la única razón por la que incluirías un personaje negro es para introducir una anomalía. Generalmente, es porque estás contando una historia sobre racismo o, al menos, sobre raza».

— OCTAVIA BUTLER

¿EN QUÉ CONSISTE EL *TOKENISMO*?

Mis hijos, que nacieron y crecieron en Qatar, asisten a la misma escuela británica en la que me gradué. A pesar de ser una escuela británica, el alumnado es extremadamente diverso. Puedo recordar que había gente de unas cincuenta nacionalidades diferentes durante mis años de estudiante. Cuando nos mudamos a Qatar desde el Reino Unido, me sorprendió conocer a niños de todo el mundo. Ya no era la «única». Mi diferencia cultural era como la de cualquier otro estudiante. Han pasado casi dos décadas desde que me gradué, y el cuerpo estudiantil parece ser aún más diverso que en aquellos tiempos. Estoy agradecida de que mis hijos hayan tenido desde el primer día de su trayectoria educativa la experiencia de no ser los únicos niños de color en su clase o escuela.

Sin embargo, mientras que el cuerpo estudiantil es maravillosamente diverso, el cuerpo docente y la directiva no lo son. No recuerdo haber tenido un solo maestro que fuera una persona de color durante mi tiempo como estudiante, y aunque ahora hay más maestros de color, siguen siendo la minoría. En una reciente asamblea de padres donde la junta de la escuela presentó las actualizaciones para el año académico, decidí plantear esto como un problema. Pregunté por qué el cuerpo docente era tan blanco y qué se estaba haciendo para atraer más maestros de color. Compartí que era importante para mis hijos, y de hecho para todos los niños, tener más maestros de color. Por separado, meses antes, había planteado un problema en otra asamblea de padres porque no estaba contenta de que el plan de lectura del grado de mi hija se concentrara en novelas de autores y personajes ficticios que eran principalmente blancos. En ambos casos, recibí una respuesta empática pero poco entusiasta: entendían que era un problema y verían qué podían hacer al respecto. Dijeron también que sí se habían hecho esfuerzos por atraer a más maestros de color. Pero como padre de familia de la escuela, todo lo que había visto eran unos pocos de ellos, a modo de *tokens*. El número suficiente como para decir que lo intentaban, pero no lo suficiente como para acercarse a una verdadera diversidad e inclusión.

Me quedé con la impresión de que, si bien entendían que se trataba de un problema, no era lo suficientemente grave para ellos. Sentí que lo máximo que iban a hacer sería agregar algunos maestros más de color, como un gesto simbólico, al igual que unos cuantos libros de autores de color para lograr la «apariencia» de diversidad sin hacer el trabajo más profundo que se necesita para la verdadera inclusión y representación.

¿Por qué es importante para mí que mis hijos tengan un grupo inclusivo de maestros de los que aprender durante sus años de formación académica? ¿No debería estar satisfecha porque el alumnado es diverso? Si bien estoy feliz de que el alumnado lo sea, también entiendo que los niños se ven afectados por quiénes observan en puestos de liderazgo y autoridad, así como a quiénes ven en las historias de ficción. También soy consciente de que los prejuicios raciales inconscientes y la antinegritud de los maestros que tienen privilegio blanco no desaparecen mágicamente por tener un alumnado muy diverso. La respuesta de la escuela ante mis solicitudes no me sorprendió. La respuesta a los llamamientos para que haya una mayor inclusión y representación de personas BIPOC generalmente se topan con respuestas similares, independientemente de si se trata de una escuela, una empresa o incluso una ceremonia de premiación (sólo recordemos los *#OscarsSoWhite*).

El *tokenismo* se define como «la práctica de hacer solo un esfuerzo simbólico o superficial para hacer una cosa en particular, especialmente al reclutar a un pequeño número de personas de grupos subrepresentados para dar la apariencia de igualdad sexual o racial dentro de una fuerza laboral».[36] En el caso específico de la supremacía blanca, el *tokenismo* ocurre cuando se utiliza a las personas BIPOC como accesorios o símbolos sin sentido para que parezca que se está practicando el antirracismo mientras se mantiene el *statu quo* de la blanquitud como la norma dominante. A medida que crecen los llamamientos para que se incremente la diversidad en diferentes industrias, medios y comunidades, el *tokenismo* se vuelve más desenfrenado. En un esfuerzo por solucionar la subrepresentación, las organizaciones utilizan el tokenismo como un parche práctico para un problema que tiene raíces mucho más profundas.

El *tokenismo* no es solo una táctica utilizada por organizaciones y marcas. También es algo que las personas con privilegio blanco usan para demostrar su excepcionalismo blanco y su condición de persona no racista. Las personas pueden llegar a utilizar a un familiar, amigo, maestro o persona BIPOC por quien votaron, o incluso a un autor o educador antirracista que siguen en las redes para demostrar que no son racistas. Pero la proximidad e incluso la intimidad con personas BIPOC no borra el privilegio blanco, el prejuicio inconsciente, o la complicidad en el sistema de la supremacía blanca. Tener una relación con una persona BIPOC o tener un hijo birracial o multirracial no libra a una persona con privilegio blanco de la práctica del antirracismo.

¿CÓMO SE MANIFIESTA EL *TOKENISMO*?

Existen cuatro tipos de *tokenismo* que vemos a menudo:

Tokenismo de marcas

Es cuando una organización o evento predominantemente blanco tokeniza a personas BIPOC o utiliza elementos culturales BIPOC para dar un efecto visual de diversidad sin comprometerse realmente con la inclusión o el antirracismo en sus prácticas o políticas. Lo que a menudo vemos son maniobras rápidas para incorporar a personas BIPOC en la primera fila de la empresa, marca o evento sin comprometerse con una práctica antirracista a largo plazo, o con un cambio en sus políticas internas. Las personas BIPOC son utilizadas para las fotos y para favorecer los números, pero no son incorporadas de manera significativa, más allá de su función como *tokens*.

Tokenismo de narraciones

Es cuando se utilizan personajes BIPOC en la pantalla para dar un aspecto visual de diversidad o como complemento de los protagonistas blancos de la historia. Este tipo de *tokenismo* se ve a menudo en películas, en televisión e incluso en libros, como señaló Octavia Butler en la cita que abre la reflexión de hoy. Los roles y las historias de estos personajes a menudo se encuentran poco desarrollados, o carecen de profundidad o matices, como señaló Viola Davis cuando cubrimos el tema de las mujeres negras en el Día 9.

Tokenismo laboral emocional

Es cuando una persona o grupo de personas con privilegio blanco o una organización predominantemente blanca recargan sobre sus *tokens* BIPOC el trabajo emocional de tener que lidiar con todas las iniciativas relacionadas con el racismo, reduciéndolos así simplemente a su raza. Esto no se refiere a una persona BIPOC cuyo trabajo remunerado se enfoque intencionalmente en temas raciales, sino a las expectativas que se depositan sobre una persona solo por ser BIPOC, esperando que responda todo tipo de preguntas relacionadas con sus experiencias de racismo.

Tokenismo Relacional

Es cuando una persona con privilegio blanco utiliza su proximidad y sus relaciones con personas BIPOC como prueba de que no son racistas: «No puedo ser racista porque mi pareja/ex/hijos/ familiares/mejores amigos/maestros/escritores favoritos, artistas, activistas, atletas, empresarios, etcétera son BIPOC»

¿POR QUÉ NECESITAS EXAMINAR EL *TOKENISMO*?

En todos los casos de *tokenismo*, las personas BIPOC son utilizadas como accesorios para demostrar que alguien no es racista. No hace falta decir que esto es deshumanizante porque trata a las personas BIPOC como comodines antirracistas que pueden ser desechados en cualquier momento. Es particularmente insidioso cuando se utiliza con una persona BIPOC porque la acaba poniendo en contra de otra persona BIPOC (por ejemplo: una mujer negra te denuncia por tu racismo, y tú respondes con el hecho de que tienes un hijo/mejor amigo/pareja de raza negra, por lo que no puedes ser racista).

El *tokenismo* de personas BIPOC es un acto supremacista blanco porque trata a las personas BIPOC como objetos que pueden utilizarse para promover la agenda de una persona u organización blanca, y exime a las personas con privilegio blanco de tener que hacer el trabajo de alterar el dominio blanco. Visto desde afuera, el *tokenismo* aparenta ser halagador, pero la verdad es que utiliza a las personas BIPOC como si fueran objetos. El *tokenismo* dice que las personas BIPOC solo son valiosas para las personas con privilegio blanco en la medida en las que puedan ser utilizadas para su propia agenda (ya sea consciente o inconscientemente).

Una mayor inclusión y representación en todos los espacios es algo por lo que todos queremos luchar. Sin embargo, cuando no existe un compromiso auténtico de practicar el antirracismo a un nivel más profundo, lo que inevitablemente sucede es que las personas BIPOC que han sido utilizadas como *tokens* se ven perjudicadas en el proceso. La experiencia de ser el *token* de personas con privilegio blanco es muy dolorosa para las personas BIPOC. Hace que se pregunten: «¿Me han invitado a participar aquí por mi valor y por lo que tengo que aportar o para que puedan marcar su casilla de diversidad?».

Sin una comprensión acerca del *tokenismo* y un compromiso de no practicarlo, la supremacía blanca continúa controlando la narrativa sobre cómo se ve la igualdad y la dignidad para las personas BIPOC.

REFLEXIONES PARA EL DIARIO

1. ¿Cómo has justificado tu racismo utilizando tu proximidad con una persona BIPOC?

2. ¿Cómo has utilizado a las personas BIPOC como *tokens* para demostrar que tus palabras, pensamientos o acciones no son racistas?

3. ¿Cómo has *tokenizado* y puesto a dos personas BIPOC en contra?

4. Si eres dueño de un negocio, ¿cómo has *tokenizado* la cultura BIPOC o a una persona BIPOC para impulsar tu marca?

5. Si crees que nunca has *tokenizado* a las personas BIPOC, ¿cómo permaneciste en silencio cuando viste a alguien más hacerlo?

6. En las ocasiones en que has elogiado a las organizaciones o eventos por ser diversos porque aparentan tener algunas personas BIPOC, ¿cuánto más has examinado sus verdaderas prácticas y políticas con respecto a las personas BIPOC? ¿Cómo has confundido una diversidad aparente con inclusión y equidad auténticas?

Día 18

TÚ Y EL SALVACIONISMO BLANCO

> «Es gracioso. Los dueños de esclavos pensaban que también estaban haciendo una diferencia en la vida de los negros, salvándolos de sus 'costumbres salvajes africanas'. Misma mierda, siglo diferente. Quisiera que la gente como ellos dejara de pensar que la gente como yo necesita ser salvada».
>
> **— ANGIE THOMAS, *EL ODIO QUE DAS* (THE HATE U GIVE)**

¿EN QUÉ CONSISTE EL SALVACIONISMO BLANCO?

A principios de 2018, durante una reunión informativa con legisladores en el Despacho Oval en la que se discutía la protección de inmigrantes de Haití, El Salvador y países africanos, el presidente de los Estados Unidos, Donald Trump, preguntó: «¿Por qué queremos que toda esta gente, de países de mierda, venga aquí?».[37]

La pregunta conmocionó a personas de todo el mundo, pero en realidad, su comentario reflejaba lo que a menudo se piensa, pero no se dice abiertamente sobre las personas BIPOC. Esta idea de que las personas BIPOC y sus países son inferiores en valor, capacidad, inteligencia y autodeterminación que los países dominados por las personas blancas y las personas con privilegio blanco es un aspecto fundamental de la supremacía blanca. Este sentimiento es lo que conduce al salvacionismo blanco —la creencia de que las personas con privilegio blanco, que se ven a sí mismas como superiores en capacidad e inteligencia, tienen la obligación de «salvar» a las personas BIPOC de su supuesta inferioridad e indefensión.

La ilustración más clara de este concepto es lo que el escritor Teju Cole ha llamado el «complejo industrial del salvador blanco».[38] Este término describe el fenómeno de misioneros y voluntarios blancos bien intencionados (a través del negocio del *volunturismo*) que viajan a países de África, Asia y América Latina para ayudar a «rescatar» a las personas BIPOC de la pobreza y el subdesarrollo de sus países. Aunque bien intencionados, a menudo dichos voluntarios van a estos países con poco más que su pasión y su deseo de hacer el bien. Se presta poca atención a comprender los antecedentes históricos y los contextos culturales de los sitios a los que viajan. Se insiste en que estos voluntarios tienen las soluciones adecuadas para los problemas del país, sin que escuchen y se asocien con las personas a quienes tienen la intención de ayudar.

Adicionalmente, se le da mucha importancia al etnocentrismo blanco. Las personas con privilegio blanco creen que solo por su presencia y su privilegio, tienen lo que se necesita para rescatar a las personas BIPOC de los problemas, siempre complejos y particulares, que enfrentan. Se pinta una historia de estos países y de sus ciudadanos como pobres, subdesarrollados y corruptos. No se muestra nada de su desarrollo y avances tecnológicos, ni de sus pensadores, activistas, líderes empresariales, creativos, científicos o ingenieros. Lo más notable es que se presta poca atención al impacto que el colonialismo y el imperialismo de la supremacía blanca han tenido en estos países, como causa de los problemas que enfrentan actualmente. En lugar de eso, estos países son utilizados para que las personas con privilegio blanco se presenten como salvadores benévolos, héroes o mesías de personas que están destinadas a vivir como inferiores a menos de que sean rescatadas por la intervención blanca. Y todo lo que se necesita es una selfi o dos con un niño negro o marrón (a menudo sin el consentimiento de los padres, o con un consentimiento otorgado sin comprender que esas fotos serán utilizadas para reforzar la imagen del salvacionismo blanco) para crear esta narrativa. En su artículo *El complejo industrial del salvador blanco* (The White-Savior Industrial Complex) publicado en *The Atlantic*, Teju Cole explica:

> *Una canción que escuchamos con demasiada frecuencia es aquella en la que África sirve como telón de fondo para las fantasías blancas de conquista y heroísmo. Desde el proyecto colonial hasta las películas Out of Africa, The Constant Gardener y el documental Kony 2012, África ha proporcionado un espacio en el que los egos blancos se pueden proyectar convenientemente. Es un espacio liberado en el que las reglas habituales no aplican: un don nadie de Estados Unidos o Europa puede ir a África y convertirse casi en un salvador divino o, por lo menos, satisfacer sus necesidades emocionales.*[39]

El salvacionismo blanco también se puede ver en películas e historias de ficción. Películas como *The Last Samurai*, *The Blind Side*, *Avatar* y *The Help*, entre otras, centran la narrativa en un salvador blanco que llega al rescate de personas BIPOC. A menudo, a los actores blancos se les otorgan personajes de gran profundidad, con una estructura emocional compleja, mientras que los personajes BIPOC se romantizan con tropos raciales o contextos culturales demasiado simplificados. La película *The Great Wall* en la que el actor Matt Damon juega el rol central del salvador en una historia ficticia sobre China es otro excelente ejemplo. En respuesta a esta película, la actriz estadounidense de origen asiático Constance Wu dijo: «Tenemos que dejar de perpetuar el mito racista de que solo un hombre blanco puede salvar el mundo. No se basa en hechos reales. Nuestros héroes no se parecen a Matt Damon».[40]

Sin embargo, el salvacionismo blanco no solo se limita al *volunturismo* y al entretenimiento. La narrativa de que los BIPOC son inferiores e indefensos sin la intervención blanca está presente en la conciencia supremacista blanca, ya sea que una persona con privilegio blanco vuele a África o permanezca en su país de origen. El salvacionismo blanco en casa puede presentarse en la forma de un maestro con privilegio blanco que desea rescatar a sus estudiantes de color. Puede ser que individuos y empresas organicen eventos de recaudación de fondos y proyectos sin fines de lucro para rescatar a personas BIPOC que enfrentan problemas de falta de acceso y discriminación. Incluso puede presentarse bajo la figura de padres con privilegio blanco que desean adoptar niños de color (aunque obviamente no siempre es el caso, es algo que hay que tener en cuenta). En formas más sutiles, el salvacionismo blanco es encarnado por la persona con privilegio blanco que habla por encima de las personas BIPOC o por ellas en la creencia de que entiende mejor cómo se debe decir lo que hay que decir.

¿CÓMO SE MANIFIESTA EL SALVACIONISMO BLANCO?

A continuación, algunos ejemplos de salvacionismo blanco en acción:

+ Viajes de misión y de *volunturismo* a países de personas BIPOC con la intención de hacer el bien, pero con poca preparación sobre cómo servir en lugar de dirigir.

+ Narrativas de héroes salvadores blancos en películas, televisión e historias de ficción.

+ El impulso de intervenir y hablar sobre las necesidades de las personas BIPOC en lugar de otorgarles agencia para que hablen por sí mismas.

✦ La creencia y la perpetuación de una narrativa (ya sea consciente o inconsciente) de que las personas BIPOC son de «países de mierda» llenos de pobreza, subdesarrollo y corrupción.

✦ La proyección de las narrativas blancas en la liberación de personas BIPOC, tales como la creencia de que las mujeres musulmanas no blancas que eligen libremente usar el hiyab necesitan ser liberadas de su supuesta opresión dejando a un lado el hiyab y adoptando el feminismo blanco occidental.

✦ Las personas con privilegio blanco que tratan a las personas BIPOC y los problemas de discriminación que deben enfrentar como si fueran proyectos personales para aliviar su culpa blanca y ponerse en el centro de la situación como los héroes. Por ejemplo, al enterarse de la crisis de la salud materna que afecta a las mujeres negras en Estados Unidos, una mujer blanca le dijo a una mujer negra que conozco que quería establecer una organización sin fines de lucro para abordar la crisis. Este deseo, aunque aparentemente bien intencionado, descarta por completo el hecho de que ya hay mujeres y personas negras que llevan a cabo este trabajo y que, como persona con privilegio blanco, una mejor manera de apoyar la solución de esta crisis sería hacer su propio trabajo antirracista y acercarse a estas organizaciones para preguntarles cómo puede ayudar. El deseo de convertirse en el héroe de la historia es muy común.

¿POR QUÉ NECESITAS EXAMINAR EL SALVACIONISMO BLANCO?

El salvacionismo blanco parece benigno en la superficie: tratar de ayudar a las personas marginadas. Tratar de «dar voz a los que no tienen voz». Tratar de abogar por personas que «no pueden abogar por sí mismas». Sin embargo, en realidad, el salvacionismo blanco es otra forma de supremacía blanca.

El salvacionismo blanco pone a las personas BIPOC en la posición de niños indefensos que necesitan ser salvados por personas con privilegio blanco. Implica que, sin la intervención, instrucción y orientación de personas blancas, las personas BIPOC quedarían desamparadas. Que sin blanquitud, las personas BIPOC —percibidas en el imaginario blanco como inferiores a personas con privilegio blanco— no sobrevivirían.

El salvacionismo blanco es condescendiente, y es un intento de mitigar la culpa blanca. Puede parecer un intento de hacer las cosas bien, pero solo sirve para empoderar a las personas con privilegio blanco al hacer que se sientan mejor consigo mismas. Es activamente debilitador para las personas BIPOC y continúa reforzando las ideas de la supremacía blanca de que las personas BIPOC solo son útiles en la medida en que pueden usarse para el interés blanco (*tokenismo*) y que las personas blancas tienen mayor capacidad de entender qué es lo mejor para las personas BIPOC (superioridad blanca).

El salvacionismo blanco es una forma de colonialismo. También es una distorsión narrativa: las personas con privilegio blanco históricamente han colonizado, perjudicado, abusado, secuestrado, esclavizado y marginado a las personas BIPOC. El salvacionismo blanco esconde esto bajo la alfombra y luego reescribe el guion.

REFLEXIONES PARA EL DIARIO

1. ¿Qué narrativas de salvacionismo blanco has aceptado (ya sea consciente o inconscientemente)?

2. ¿En qué formas has asumido que las personas BIPOC son indefensas y requieren intervención y ayuda de personas con privilegio blanco?

3. ¿De qué maneras has intentado intervenir u ofrecer instrucciones u orientación creyendo que tu visión (superior) ofrecería las mejores soluciones?

4. ¿De qué maneras has hablado por encima de o en lugar de las personas BIPOC porque pensaste que podías explicar sus necesidades y experiencias mejor que ellas mismas? ¿De qué maneras has pasado las palabras de las personas BIPOC a través de un filtro blanco?

5. ¿De qué manera has pensado inconscientemente en que necesitas desmantelar el racismo como buen salvador blanco?

6. ¿Cuál ha sido tu reacción cuando las personas BIPOC te han dicho a ti o a otras personas con privilegio blanco que no necesitan su «ayuda» y que, en cambio, necesitan que los escuchen, que hagan el trabajo y que sigan el liderazgo de las personas BIPOC? ¿Han salido a la superficie reacciones como fragilidad blanca, control del tono, excepcionalismo blanco, superioridad blanca, etcétera)?

Día 19

TÚ Y EL APOYO ALIADO ÓPTICO

«El racismo nunca debería haber existido, de modo que no mereces un premio por hacer que disminuya».

— CHIMAMANDA NGOZI ADICHIE, *AMERICANAH*

¿QUÉ ES EL APOYO ALIADO ÓPTICO?

Mientras facilitaba el desafío *#MeAndWhiteSupremacy* en Instagram, recibí un mensaje de una mujer blanca que me invitaba a hablar en un festival espiritual de mujeres en el Reino Unido. Comenzó su mensaje elogiándome a mí y al trabajo que estaba haciendo a través del desafío y luego explicó que los del festival estaban interesados en invitarme a hablar porque se habían dado cuenta de que necesitaban más voces diversas. Una búsqueda rápida en Google del festival me mostró que los organizadores, anfitriones y oradores de la conferencia eran principalmente personas con privilegio blanco. Sentí desconfianza de entrar en un espacio que históricamente no había tenido la representación de personas BIPOC y, más notablemente, que hasta la fecha no había tenido conversaciones significativas y complicadas sobre temas raciales. También sentí curiosidad por saber si aquella mujer estaba participando en el desafío, porque a pesar de sus cumplidos, no recordaba haber visto su nombre antes.

En respuesta a la invitación, mi equipo y yo le hicimos dos preguntas. Primero, ¿estaba participando en el desafío *#MeAndWhiteSupremacy*? Su respuesta a esta pregunta me ayudaría a saber si comprendía la naturaleza de este trabajo y lo complicado que podía resultar para un espacio predominantemente blanco como al que me estaba invitando. Segundo, quería saber si el festival tenía políticas o prácticas establecidas para proteger a una mujer negra que debía enfrentar un espacio mayormente blanco para hablar sobre temas de raza. Quería saber si harían esfuerzos para evitar que yo recibiera micro agresiones raciales como aquellas de las que hemos estado hablando hasta ahora en este libro.

La mujer respondió que no estaba participando en el desafío. Sin embargo, quería que supiera que ella era una aliada que había estado involucrada en este trabajo durante mucho tiempo. Esta fue mi primera señal de advertencia. En respuesta a la segunda pregunta, contestó que no, que no tenían tales políticas establecidas, porque «no pueden prevenir que las personas sean imbéciles». Esta fue mi segunda señal de advertencia, y quedó claro que ella realmente no comprendía en qué consiste ni la supremacía blanca ni el apoyo aliado. Quería llevarme al festival como un *token* para agregar una «voz diversa» y así aparentar que el evento practicaba un apoyo aliado antirracista, pero no estaba interesada en hacer un trabajo más profundo —tanto personal como institucionalmente— para garantizar que este acto de apoyo aliado no terminara conmigo como receptora de la fragilidad blanca y otras micro agresiones raciales. Utilizó elogios, halagos y una declaración de ser aliada para invitarme a su evento, pero al preguntarle cómo se me protegería al tener que entrar en un espacio de esa naturaleza, no tuvo nada que ofrecer. Este es un ejemplo del apoyo aliado óptico.

Tal vez hayas oído hablar antes de los términos *apoyo aliado performativo* o *teatro aliado*. Apoyo aliado óptico es otro término para este comportamiento y se puede usar indistintamente junto a esos otros términos. Mi amiga Latham Thomas, autora y fundadora de una importante marca de estilo de vida materno, 'Mama Glow', me introdujo al término *apoyo aliado óptico* en mayo de 2018, y desde entonces ha permanecido conmigo. En una publicación en las redes sociales que compartió en ese momento llamada «No estamos interesados en el apoyo aliado óptico», Thomas definió el *apoyo aliado óptico* como «un apoyo aliado que solo funciona de manera superficial para darle al 'aliado' una plataforma desde la que hacer una declaración, pero no indaga debajo de la superficie y no tiene como objetivo romper con los sistemas de poder que oprimen». Thomas estaba hablando de lo que ella vio como la apropiación de los movimientos de justicia social en una época en la que ser «woke» es considerado como deseable. Y lo que ella estaba cuestionando era a aquellas personas con privilegio que no hacen el trabajo más profundo de la antiopresión, sino que usan comportamientos como el *tokenismo*, el salvacionismo blanco, y el etnocentrismo blanco, entre otros, para crear una ilusión óptica de apoyo aliado.

Existen ciertas señales que nos dicen si un acto de apoyo aliado es auténtico o solamente óptico:

+ La intención detrás del acto de apoyo aliado es evitar ser llamado racista y/o recibir una recompensa a través de la visibilidad social, el elogio y el reconocimiento.

+ El acto del apoyo aliado crea la apariencia de diversidad e inclusión, pero no conlleva a la transformación a un nivel más profundo por medio del cambio de políticas, el compromiso con la educación antirracista, la transferencia de beneficios o privilegios, etcétera. El acto del apoyo aliado es simbólico, pero no verdadero.

+ El acto del apoyo aliado es dirigido por una persona con privilegio blanco que no escucha, se asocia o sigue el liderazgo de las personas BIPOC que desea ayudar. Vemos esto en el salvacionismo blanco y la persona con privilegio blanco que hace un acto de apoyo aliado que en última instancia consiste en presentarse como el héroe benevolente y concienzudo.

✦ El acto de apoyo aliado no implica un riesgo verdadero. Es uno que se hace desde la seguridad de la zona de confort del privilegio.

✦ La persona reacciona con fragilidad blanca cuando las personas BIPOC cuestionan que se involucre sólo como un apoyo aliado óptico en lugar de escuchar y seguir instrucciones.

¿CÓMO SE MANIFIESTA EL APOYO ALIADO ÓPTICO?

A continuación, una lista no exhaustiva de ejemplos de apoyo aliado óptico:

✦ Lanzarte al activismo sin hacer un verdadero trabajo de autorreflexión sobre tu propio racismo.

✦ Crear la apariencia de ser un aliado *tokenizando* a las personas BIPOC.

✦ Compartir publicaciones antirracistas para que todos sepan que eres un aliado, pero no hacer mucho más allá de eso.

✦ Posicionarte como un aliado o líder activista mientras continúas pasando por encima de, hablando por, y apropiándote de los espacios de las personas BIPOC.

✦ Distanciarte de tu propia supremacía blanca quejándote continuamente de lo terribles que son otras personas blancas.

✦ Crear campañas y movimientos antirracistas que realmente se tratan de construir tu patrimonio social o de aliviar tu culpa blanca.

✦ Solo presentarte para el trabajo divertido, fácil, glamoroso y desaparecer cuando llega la hora de hacer el verdadero trabajo.

✦ Aferrarte a símbolos como sombreros, prendedores y *hashtags* en lugar de hacer el verdadero trabajo.

✦ Utilizar palabras de activismo e imágenes de personas BIPOC en tu marca para que tu negocio parezca más «woke».

✦ Leer hoy este libro porque esperas que te haga lucir más «woke».

✦ Actuar como un aliado en público, pero a puerta cerrada perjudicar a las personas BIPOC.

✦ Esforzarte por ser *extra* amable con las personas BIPOC para que todos te vean como una persona blanca buena.

✦ Únicamente compartir el trabajo de personas BIPOC a quien consideras aceptables para la mirada blanca.

¿POR QUÉ NECESITAS EXAMINAR EL APOYO ALIADO ÓPTICO?

Al igual que con el *tokenismo* y el salvacionismo blanco, el apoyo aliado óptico es sobre la persona con privilegio blanco y no sobre la persona BIPOC al que está destinado. Se trata de cómo te hace ver y sentir a ti. No constituye una forma de práctica antirracista, a pesar de lo que aparenta. Es otra forma de etnocentrismo blanco.

Es una manera de continuar afirmándote como una persona con privilegio blanco sin ser realmente un aliado de las personas BIPOC o perjudicándolas activamente.

El *tokenismo*, el salvacionismo blanco y el apoyo aliado óptico aparentan, en la superficie, formas realmente *cool* de combatir el racismo. Sin embargo, debajo de la superficie, continúan perpetuando las ideologías de las que depende la supremacía blanca —que al final, cualquier acción tomada debe beneficiar de alguna manera a aquellos con privilegio blanco a expensas, en detrimento de y sobre las espaldas de las personas BIPOC.

El sitio web *Guía del apoyo aliado* ("Guide to Allyship") ofrece una explicación clara y simple sobre cómo se muestra realmente el apoyo aliado. Creada y curada por la escritora y diseñadora de productos Amélie Lamont, el sitio define el apoyo aliado como:

+ Asumir la lucha como si fuera tuya.

+ Luchar, incluso cuando tengas miedo.

+ Transferir los beneficios de tu privilegio a quienes no lo tienen.

+ Darte cuenta de que, aunque tú también sientes dolor, la conversación no es sobre ti.

Mientras que el apoyo aliado óptico centra a las personas con privilegio, el verdadero apoyo aliado centra a aquellas que son marginadas.

REFLEXIONES PARA EL DIARIO

1. ¿Cómo has practicado el apoyo aliado óptico en lo que respecta al antirracismo?

2. ¿Qué beneficios has buscado y/o recibido al practicar el apoyo aliado óptico?

3. ¿Cómo has reaccionado cuando te han cuestionado por tu apoyo aliado óptico?

4. ¿Cómo te has sentido cuando no has sido recompensado por tus actos de apoyo aliado óptico?

5. ¿Cómo ha dependido tu motivación para participar en el apoyo aliado de lo que otras personas piensan de ti o de la manera en que eres percibido?

Día 20

TÚ Y EL CUESTIONAMIENTO PÚBLICO/PRIVADO

«Los errores son parte de la vida. Nuestra respuesta
ante el error es lo que cuenta».

— NIKKI GIOVANNI

¿EN QUÉ CONSISTE EL CUESTIONAMIENTO PÚBLICO O PRIVADO?

El Día 2 hablamos sobre la fragilidad blanca, la que Robin Di-
Angelo definió como «un estado en el que incluso una mínima
cantidad de estrés racial se vuelve intolerable, desencadenando
una serie de mecanismos de defensa».[41] La fragilidad blanca es ex-
perimentada con frecuencia cuando una persona es cuestionada
en público o en privado.

Los cuestionamientos públicos y privados son métodos para
llamar la atención acerca de comportamientos problemáticos, dañinos y opresivos con la finalidad de generar cambios de actitud y
acciones correctivas. El escritor, poeta y organizador comunitario
Asam Ahmad, en su artículo de 2015 publicado en *Briarpatch*
bajo el título *Una observación sobre la cultura de cuestionar en
público* (A Note on Call-Out Culture), define los dos términos de

la siguiente manera: «La cultura de cuestionar en público se re-fiere a la tendencia entre progresistas, radicales, activistas y orga-nizadores de la comunidad a nombrar públicamente instancias o patrones de comportamiento y utilización de lenguaje opresivo por parte de otros … cuestionar en privado significa hablar direc-tamente con una persona que ha cometido un error, para abordar la conducta sin crear un espectáculo».[42]

Mucho se ha escrito acerca de los méritos y las críticas de cuestionar en público versus cuestionar en privado, discutiendo qué método es más efectivo. Los argumentos son diversos y com-plicados, e incluyen factores como:

- Dinámicas de poder.

- Control del tono.

- Respetabilidad a menudo esperada de las personas BIPOC.

- La naturaleza de la relación que existe entre la persona que es cuestionada y la persona que cuestiona.

- El nivel de trabajo emocional involucrado para las personas BIPOC.

- La toxicidad que puede acarrear la cultura de cuestiona-miento público frente al hecho de que a veces es el mejor y el único acercamiento disponible.

- La utilización del apoyo aliado óptico.

Dicho todo esto, hoy no vamos a enfocarnos en si es mejor cues-tionar en público o en privado, sino más bien en la manera en que tú reaccionas cuando te cuestionan en público o en privado.

Ninguno de nosotros nace plenamente consciente de los sistemas de opresión o de nuestros propios privilegios y prejuicios inconscientes. Tampoco nacemos conscientes de los contextos históricos dentro de los cuales mantenemos identidades de privilegio o marginación. Pero debido a que hay tal énfasis en ser perfectos, y en practicar un antirracismo sin fallas, y en ser vistos como buenos, las personas con privilegio blanco a menudo causan más daño cuando se las cuestiona porque su fragilidad blanca impide que reciban la retroalimentación necesaria para escuchar, disculparse y hacerlo mejor en el futuro.

Es normal que una persona a quien le informan (ya sea a través del cuestionamiento público o privado) que ha causado daño se ponga a la defensiva, especialmente cuando el daño no fue intencional. Todos reaccionamos de la misma manera: palmas sudorosas, ritmo cardíaco acelerado, sentir un «baño tibio de vergüenza» apoderándose de nosotros (como lo llama la investigadora académica y autora Brené Brown), sentir náuseas y tender inmediatamente a resistirnos a la observación, tratando de defendernos explicando nuestras intenciones. Al pensar que estamos bajo ataque, nuestros cerebros reaccionan rápidamente con una respuesta de lucha o escape, causando que se libere una cascada de hormonas de estrés en nuestros cuerpos. Sin embargo, estos sentimientos se exacerban más durante las conversaciones raciales debido a la existencia de la fragilidad blanca, la superioridad blanca, el excepcionalismo blanco, etcétera. Aunque nunca se siente bien ser cuestionado o convocado debido a una conducta problemática, es una invitación a tomar conciencia de los comportamientos y creencias de los que no estás consciente, y son también una oportunidad de transformación para que puedas dejar de hacer daño y puedas enmendar el dolor causado.

Todos hemos tenido la experiencia de pisar el pie de alguien o tropezar con alguien y disculparnos de inmediato. No era nuestra *intención* lastimarlos, pero se entiende que el *impacto* sigue siendo que un daño fue causado. En lugar de negarnos a pedir disculpas porque no fue intencional, nos apresuramos a disculparnos porque entendemos que hemos causado dolor. Esta es una explicación muy simplificada de lo que sucede cuando causamos daño a las personas. Sin embargo, me parece una manera fácil de comprender cómo, cuando hemos causado daño, nuestro impacto es más importante que nuestra intención. Entonces, cuando se trata del cuestionamiento público o privado, una reacción común de las personas con privilegio blanco es enfocarse en su intención más que en su impacto sobre las personas BIPOC. Esta es una forma de etnocentrismo blanco que prioriza cómo se siente la persona con privilegio al ser cuestionada, en lugar de priorizar dolor que experimentan las personas BIPOC como resultado de las acciones de la persona con privilegio, no importa si el daño es intencional o no.

¿CÓMO SE MANIFIESTAN LAS REACCIONES AL CUESTIONAMIENTO?

A continuación, algunos ejemplos de reacciones al ser cuestionado:

+ Ponerte a la defensiva, evadir, llorar, quedarte en silencio o abandonar dramáticamente el espacio o la conversación.

+ Enfocarte en la intención mientras ignoras o minimizas el impacto.

+ Controlar el tono de las personas BIPOC al afirmar que estás siendo atacado o caracterizar a las personas que te están cuestionando como agresivas e irracionales.

+ Negar el hecho de que tus acciones fueron racistas con la excusa de que tú no ves el color de las personas (ceguera al color).

✦ *Tokenizar* a las personas BIPOC para demostrar que no eres racista o hablar de todas las cosas buenas que has hecho por las personas BIPOC (lo que demuestra que estos actos se trataron en realidad de un apoyo aliado óptico).

✦ Hablar, más que escuchar a las personas que cuestionan tu conducta.

✦ Enfocarte en cómo puedes solucionar rápidamente las cosas a través del apoyo aliado óptico en lugar de tomarte el tiempo para reflexionar sobre tus acciones e investigar más a fondo aquello por lo que estás siendo cuestionado.

¿POR QUÉ NECESITAS EXAMINAR EL CUESTIONAMIENTO PÚBLICO Y PRIVADO?

La supremacía blanca (especialmente la superioridad blanca, el etnocentrismo blanco y el excepcionalismo blanco) posiciona a las personas con privilegio blanco como virtuosas, amables y moralmente correctas. El cuestionamiento se toma como un ataque peligroso contra la identidad individual y colectiva de la blanquitud. Te amenaza a ti como persona con privilegio blanco y al concepto de supremacía blanca en general. Y cuando el cuestionamiento o convocatoria proviene de las personas BIPOC, por quienes inconscientemente guardas sentimientos de antinegritud e inferioridad racial, es fácil desestimarlas, sospechar de ellas o simplemente no creerles.

Si no examinas tus propias reacciones ante el cuestionamiento público o privado, permanecerás en un estado de fragilidad y continuarás usando esta fragilidad como un arma contra las personas BIPOC al ponerte en el centro de la situación como la víctima y negarte a pedir disculpas o a cambiar tu comportamiento. Esto mantiene a la supremacía blanca afianzada en su lugar.

Al continuar concentrándote en tu intención y en tus sentimientos, practicas la creencia de que tú importas más que las personas BIPOC. Que tus sentimientos de incomodidad por ser cuestionado importan más que el dolor que las personas BIPOC experimentan a manos del racismo.

El miedo a ser cuestionado es un impedimento peligroso para la auténtica práctica antirracista. Si constantemente tienes miedo de hacer lo incorrecto y de ser cuestionado por ello, entonces tu trabajo antirracista se convertirá fácilmente en perfeccionismo, lo que conducirá a lo siguiente:

✦ **Fragilidad blanca**, porque no has desarrollado la resiliencia necesaria para hacer este trabajo.

✦ **Control del tono**, porque solo puedes lidiar con ser cuestionado si el mensaje es transmitido en un tono determinado.

✦ **Silencio blanco**, por el miedo a decir algo incorrecto.

✦ **Excepcionalismo blanco**, porque continuarás pensando que eres la excepción a la regla, «una de las buenas personas blancas».

✦ **Apatía blanca**, porque pensarás «¿cuál es el punto si igualmente me van a cuestionar?».

✦ *Tokenismo*, porque querrás que una persona BIPOC te proteja del dolor de ser cuestionado.

✦ **Apoyo aliado óptico**, porque estarás más preocupado de que no te cuestionen en lugar de simplemente hacer el trabajo.

Serás cuestionado mientras hagas el trabajo de antirracismo. Cometer errores es la manera de aprender y mejorar en el futuro. Ser cuestionado no es un impedimento para el trabajo. Es parte del trabajo. Y en este trabajo, nada está garantizado. Bajo la supremacía blanca, no ha habido garantías para las personas BIPOC. Y la sensación de peligro emocional que sienten las personas con privilegio blanco al ser cuestionadas es muy pequeña en comparación con lo que las personas BIPOC experimentan por causa del racismo.

Las preguntas de hoy son las siguientes: cuando (no en caso de que) te cuestionen, ¿estás lo suficientemente bien preparado como para responder de una manera que te ayudará a aprender y hacerlo mejor, o simplemente cederás ante la fragilidad blanca y te desmoronarás? ¿Estás dispuesto a dejar de lado tus creencias en torno a tu superioridad y excepcionalismo racial y realmente escuchar a las personas BIPOC con empatía y un deseo de mejorar? ¿Te esforzarás por educarte para que a medida que sigas creciendo y aprendiendo, puedas hacer más bien que mal?

REFLEXIONES PARA EL DIARIO

1. ¿Qué has sentido, pensado, dicho o hecho cuando has sido cuestionado en público o en privado? ¿Cómo has hecho que la discusión gire en torno a ti mismo y a tus intenciones por encima de las personas BIPOC y del impacto de tus acciones?

2. Si aún no te ha ocurrido, ¿cómo crees que reaccionarás cuando suceda, basándote en tu nivel de autoconciencia, tu trabajo personal de antirracismo y tu fragilidad blanca?

3. Cuando has sido cuestionado, ¿cómo has lidiado con pedir disculpas y con reparar el daño hecho?

4. ¿Cuáles son tus principales temores acerca de ser cuestionado en público o en privado?

5. Piensa en los temas que hemos visto hasta ahora en este libro. ¿Qué comportamientos y creencias son los que más se interponen para que puedas responder debidamente cuando eres cuestionado?

Día 21

Esta semana examinamos comportamientos relacionados con la práctica del apoyo aliado y con cómo la supremacía blanca puede perpetuarse en acciones y conductas que parecen nobles, o al menos neutrales en teoría, pero que rápidamente revelan una base del *statu quo* latente.

La apatía blanca, como el silencio blanco, son formas pasivas de complicidad con la supremacía blanca a través de la falta de acción. La apatía blanca dice que las personas BIPOC no son lo suficientemente importantes como para que te hagas presente, uses tu voz y hagas el trabajo. Esta escasez colectiva de energía hacia el trabajo antirracista y el cambio social es lo que mantiene a la supremacía blanca fija en su lugar.

El etnocentrismo blanco sostiene la supremacía blanca al mantener el dominio de la blanquitud como la norma y al enfocar la energía en priorizar las necesidades y los deseos de las personas con privilegio blanco por encima de todas los demás.

El *tokenismo*, el salvacionismo blanco y el apoyo aliado óptico nos muestran, por otro lado, que es posible intentar hacer lo correcto en teoría mientras se continúa perpetuando el etnocentrismo y la superioridad blancos. Explorar estos temas te permite una mejor comprensión para mostrar tu apoyo de maneras que hacen más bien que mal.

Y, por último, debido a que hacer este trabajo implica que cometerás errores, observamos cómo reaccionas cuando te cuestionan en público o en privado y de qué forma puedes usar estos momentos como oportunidades para escuchar, disculparte por el daño que has hecho, educarte más sobre el privilegio y la opresión, y hacerlo mejor en el futuro. Maya Angelou dijo: «Haz tu mejor esfuerzo hasta que sepas hacerlo mejor. Luego, cuando sepas hacerlo mejor, sé mejor».[43] Cuando se trata de conversaciones raciales, eso significa comenzar con la voluntad de dejar de lado la fragilidad blanca y el prejuicio inconsciente, escuchar la retroalimentación que te ofrecen (aunque cause incomodidad), reflexionar sobre tus acciones y creencias inconscientes, educarte a ti mismo, disculparte, compensar tu error a través del cambio de comportamiento y hacerlo mejor en el futuro.

REFLEXIONES PARA EL DIARIO

1. ¿Qué más has aprendido sobre ti y tu marca única y personal de supremacía blanca?

2. ¿De qué maneras te has dado cuenta de que algunos comportamientos que te parecían «no tan malos» eran realmente muy dañinos?

3. ¿En qué aspecto estás comenzando a identificar tu mayor desafío cuando se trata de tu trabajo personal contra el racismo?

4. ¿En qué aspecto estás empezando a hacer tu trabajo y en cuál te estás conteniendo todavía?

5. ¿Qué otros puntos has comenzado a conectar al reflexionar sobre el trabajo que has hecho hasta ahora?

Semana 4

PODER, RELACIONES Y COMPROMISOS

En nuestra última semana juntos, consideraremos tus relaciones con otras personas que tienen privilegio blanco, así como tus valores personales y compromisos con el trabajo antirracista. Algunos de los días del trabajo de esta semana son más cortos que los que hemos cubierto durante otras semanas. Esto se debe a que se requiere menos explicación sobre el tema en particular y a que se pone mayor énfasis en reflexionar acerca de tus relaciones con otras personas y tus propios compromisos en el futuro.

Durante las últimas tres semanas, hemos examinado muchos comportamientos, creencias y dinámicas diferentes que se entrecruzan y conforman la supremacía blanca. A medida que llegamos a nuestra última semana, es tiempo de unir todo este aprendizaje para que puedas apoyarte en él de la mejor manera posible luego de completar el trabajo de este libro. Tómate un momento para revisar lo que has aprendido hasta ahora, ya que te ayudará a profundizar cuando respondas algunas de las preguntas con tus reflexiones.

Día 22

TÚ Y EL FEMINISMO BLANCO

«Si el feminismo puede entender el patriarcado, es importante preguntar por qué tantas feministas tienen dificultad en entender también la blanquitud como una estructura política».

— RENI EDDO-LODGE, *POR QUÉ YA NO HABLO* DE RAZA CON LA GENTE BLANCA (WHY I'M NO LONGER TALKING TO WHITE PEOPLE ABOUT RACE)

¿EN QUÉ CONSISTE EL FEMINISMO BLANCO?

Como feminista, no puedo terminar este libro sin hablar del feminismo. En este contexto, estamos hablando del feminismo blanco, o de lo que puedes haber considerado anteriormente como feminismo «convencional». Entiendo que cada persona tiene su propia relación (o su falta de relación) con el feminismo. Cualquiera sea tu identidad de género o la naturaleza de tu relación con el feminismo, es importante explorar este tema y sus ramificaciones para las personas BIPOC.

Comencemos con algunas definiciones breves para que tengamos un punto de partida común desde donde podamos desarrollar el tema. El feminismo se define en términos generales como «una gama de *movimientos políticos, ideologías* y *movimientos sociales* que comparten un objetivo común: definir, establecer y lograr la *igualdad de género* en el ambiente político, económico, personal y social».[44] El *feminismo blanco* se define a grandes rasgos como «un *epíteto* que se usa para describir las *teorías feministas* que se centran en la lucha de las mujeres *blancas* sin abordar las distintas formas de *opresión* que enfrentan las mujeres de *minorías étnicas* y las mujeres que carecen de otros *privilegios*».[45]

El feminismo blanco se centra en las dificultades que experimentan las mujeres blancas (generalmente cisgénero) por encima de las dificultades de las mujeres BIPOC. Es un feminismo al que solo le preocupan las disparidades y la opresión de género, y que no toma en cuenta las disparidades y la opresión de otras intersecciones que son igual de importantes, como la raza, la clase, la edad, la capacidad, la orientación sexual, la identidad de género, entre otros. Las feministas blancas con frecuencia piden a las mujeres BIPOC que dejen de lado su raza y sus problemas con el racismo y se unan en hermandad dando prioridad a los temas de género y sexismo.

Este pedido ignora dos puntos cruciales:

1. Las mujeres blancas no tienen que considerar las implicaciones de su raza porque tienen privilegio blanco. La raza no es una identidad en la que experimentan opresión. Más bien, es una identidad donde tienen poder. Pedir a las personas BIPOC que dejen de lado su raza es pedirles que actúen como si fueran blancas.

2. Pedir a las mujeres BIPOC que se enfoquen en el género antes de la raza es pedirles que pongan sus diferentes identidades en un orden jerárquico. Pero como mujer negra, no soy negra *y entonces* mujer. Soy negra y mujer. Mi feminidad no puede borrar mi negritud y mi negritud no puede borrar mi feminidad. Bajo la supremacía blanca y el patriarcado, o lo que la autora feminista y activista bell hooks

llama «patriarcado imperialista, supremacista blanco y capitalista»,[46] las mujeres de color sufren discriminación debido tanto a nuestra raza como a nuestro género. El privilegio de la blanquitud significa verte a ti misma solo como una mujer (si esa es tu identidad de género), porque debido al etnocentrismo blanco, tú eres considerada «sin raza».

Las mujeres blancas tienen la expectativa de que las mujeres negras, indígenas y de color (BIWOC, por sus siglas en inglés) deben solidarizarse bajo la experiencia compartida de discriminación de género, pero como señala la etiqueta viral de la escritora Mikki Kendall, #LaSolidaridadEsParaMujeresBlancas (#SolidarityIsForWhiteWomen). Y la solidaridad blanca en el movimiento feminista no es un nuevo fenómeno. El movimiento feminista occidental ha marginado a las mujeres BIPOC desde su inicio.

En los Estados Unidos, la primera conferencia sobre los derechos de las mujeres en Seneca Falls en 1848 falló a la hora de abordar el racismo que enfrentan las mujeres BIWOC. En 1870, en respuesta a la ratificación de la Decimoquinta Enmienda, que garantizaba los derechos de voto de los hombres de todas las razas, Anna Howard Shaw, presidenta de la Asociación Nacional de Sufragio de Mujeres, argumentó: «Han puesto la boleta en manos de hombres negros, lo que los convierte en políticamente superiores a las mujeres blancas. ¡Nunca en la historia del mundo los hombres han convertido a sus antiguos esclavos en amos políticos de sus antiguas amantes!».[47]

En 1913, antes del primer desfile de sufragio celebrado en Washington D. C., la sufragista Alice Paul escribió en respuesta a la idea de que las mujeres blancas y las negras marcharan juntas: «Hasta donde puedo ver, debemos tener una procesión blanca, o una procesión negra, o ninguna procesión en absoluto».[48] Y aunque las mujeres blancas recibieron el derecho al voto en 1920 cuando se ratificó la Decimonovena Enmienda, debido a la discriminación racial, las mujeres de color en algunas partes de los Estados Unidos estaban sujetas a muchas restricciones que hicieron casi imposible que pudieran votar hasta que se aprobó la Ley del Derecho al Voto de 1965. El movimiento feminista ha sido, desde sus inicios, una extensión de la supremacía blanca. Ha marginado a las personas BIPOC y espera que las mujeres BIWOC se ajusten a un presunto feminismo universal que en realidad está centrado en la blanquitud. No es de extrañar, entonces, que muchas mujeres BIWOC encuentren difícil verse a sí mismas en el movimiento feminista, optando en cambio por el feminismo negro, el mujerismo o no afiliarse con el movimiento feminista en absoluto.

Es tentador argumentar que estos eventos ocurrieron en el pasado y que no tienen relación con el estado actual del movimiento feminista. Sin embargo, el feminismo y la división entre las mujeres blancas y las mujeres BIWOC todavía existe. Al igual que la supremacía blanca continúa prosperando en el presente a pesar de la concesión de los derechos civiles, el feminismo dominante continúa excluyendo y marginando a las mujeres BIWOC. Y a pesar de que las mujeres blancas sufren discriminación y opresión bajo el patriarcado, las mujeres blancas también promulgan discriminación y opresión contra las mujeres BIWOC bajo la supremacía blanca. Esta es una realidad difícil de aceptar para muchas mujeres blancas, pero como hemos explorado extensamente a lo largo de este libro, las mujeres blancas tienen todos los privilegios y el poder de su raza.

Muchas mujeres blancas que se consideran feministas pero que no se han comprometido con profundidad al trabajo antirracista a menudo se ponen a la defensiva al ser llamadas feministas blancas. La actriz Emma Watson compartió su experiencia sobre esto en una carta a su club de lectura cuando anunció el primer libro de 2018: *Por qué ya no hablo de raza con la gente blanca* (Why I'm No Longer Talking to White People About Race) de Reni

Eddo-Lodge. En la carta, Watson escribió: «Cuando escuché que me llamaban 'feminista blanca' no lo entendí (supongo que con esto les di la razón). ¿Cuál era la necesidad de definirme a mí, o a cualquier otra persona, como feminista de una raza determinada? ¿Qué quería decir esto? ¿Me estaban llamando racista? ¿Estaba el movimiento feminista más fracturado de lo que había entendido? Comencé... a entrar en pánico».

Luego pasó a compartir cómo había evolucionado su entendimiento: «Hubiera sido más útil pasar el tiempo haciéndome preguntas como: ¿Cuáles son las formas en que me he beneficiado por ser blanca? ¿De qué maneras apoyo y mantengo un sistema que es estructuralmente racista? ¿Cómo afectan mi raza, clase y género mi perspectiva? Parecía haber muchos tipos de feministas y feminismo. Pero en lugar de ver estas diferencias como divisivas, podría haber preguntado si definirlas era en realidad empoderar y lograr una mejor comprensión. Pero no sabía que debía hacer estas preguntas».[49]

¿CÓMO SE MANIFIESTA EL FEMINISMO BLANCO?

A continuación, algunos ejemplos de feminismo blanco en acción:

+ Las feministas blancas hablan sobre la brecha salarial entre hombres y mujeres sin hacer referencia a la brecha salarial entre mujeres blancas y mujeres BIWOC.

+ Las feministas blancas dicen a las mujeres BIWOC que hablar de raza es «divisivo» y que debemos enforcarnos primero en estar unidas por nuestro género.

+ La espiritualidad feminista blanca se apropia culturalmente y blanquea la espiritualidad de las personas BIPOC.

✦ Las feministas blancas se hicieron presentes para apoyar a las mujeres en la Marcha de las Mujeres convocada en los Estados Unidos en 2017, pero no se hacen presentes en números similares para apoyar a las mujeres y personas negras en las marchas del movimiento *Black Lives Matter*.

✦ El feminismo blanco ignora en gran medida o desconoce la crisis de la salud materna de las mujeres negras en los Estados Unidos porque no afecta a las mujeres blancas.

✦ El feminismo blanco centra a las mujeres líderes blancas mientras perjudica y traiciona a las mujeres líderes BIWOC.

✦ El feminismo blanco ignora o excluye las obras revolucionarias de líderes feministas negras como Kimberlé Crenshaw, Audre Lorde, Bell Hooks, Alice Walker, Angela Davis u otras feministas no blancas.

✦ El feminismo blanco no cree que las feministas musulmanas que eligen usar el hiyab pueden ser realmente feministas.

¿POR QUÉ NECESITAS EXAMINAR EL FEMINISMO BLANCO?

El feminismo blanco es una extensión de la supremacía blanca. Solo le preocupa que las mujeres blancas alcancen la paridad con los hombres blancos y ha demostrado a lo largo de la historia que apuñalará por la espalda a cualquiera que no sea blanco para lograr esa paridad.

El feminismo blanco pide a las mujeres BIWOC que ignoren su raza y que se centren solo en su género. Durante un discurso en la Convención de Mujeres en Akron, Ohio, en 1851, Sojourner Truth dijo: «Ese hombre que está allí dice que las mujeres necesitan ayuda para subir a los carruajes y para pasar sobre las zanjas y que además deben tener el mejor puesto en todas partes. ¡Pero a mí nadie nunca me ayuda a subir a los carruajes, a pasar sobre charcos de lodo, ni tampoco me da el mejor puesto! ¿Acaso no soy una mujer?».[50] Truth estaba preguntando si su negritud la hacía menos mujer porque no la trataban de la misma manera que a las mujeres blancas. Y debido a la supremacía blanca, esto aún es vigente. Bajo el feminismo blanco y la supremacía blanca, la única forma en que las mujeres BIWOC podrían alcanzar la paridad con las mujeres blancas sería haciendo lo imposible —convertirnos en gente "sin raza" en el imaginario blanco.

El antídoto contra el veneno del feminismo blanco y, por extensión, la supremacía blanca es la interseccionalidad. La *interseccionalidad* es un término acuñado por la profesora de leyes y defensora de los derechos civiles, la Dra. Kimberlé Crenshaw. Es un marco que nos ayuda a explorar la dinámica entre las identidades coexistentes y los sistemas conectados de opresión, particularmente en lo que se refiere al género, la raza y las experiencias de las mujeres negras. Crenshaw explica que, «la interseccionalidad simplemente surgió de la idea de que si te encuentras en el camino de múltiples formas de exclusión, es probable que ambas te golpeen. Estas mujeres están heridas, pero cuando la ambulancia de la raza y la ambulancia del género llegan a la escena, ven a estas mujeres de color yaciendo en la intersección y dicen: 'Bueno, no podemos averiguar si esto fue solo cuestión de raza o solo cuestión de discriminación sexual. Y a menos que puedan mostrarnos sobre cuál de las dos se trata, no podemos ayudarlas».[51] La interseccionalidad nos proporciona una manera de practicar un feminismo antirracista. Pero la interseccionalidad no es algo que se pueda alcanzar sin un compromiso constante e inquebrantable con la práctica antirracista.

Aunque el término *feminismo interseccional* se utiliza ahora para hablar sobre cómo las personas se ven afectadas por los sistemas de opresión, no solo la discriminación de género y la discriminación racial, sin insistir en la necesidad de un firme compromiso de poner en el centro a las personas BIPOC, la interseccionalidad no tiene sentido. Como dijo Crenshaw durante un discurso en la Universidad de Tulane en 2017, «[La interseccionalidad] se ha gentrificado en el sentido de que las personas a quienes inicialmente quiso reconocer han sido expulsadas del discurso... [Las mujeres de color] no pueden ser completamente relegadas a los márgenes por una idea que estaba destinada a desmarginar los márgenes».[52]

REFLEXIONES PARA EL DIARIO

1. ¿Hasta qué punto tu idea del feminismo ha estado enmarcada solamente por temas relacionados con el género?

2. ¿De qué manera tu feminismo ha descuidado o minimizado los problemas de las personas BIPOC?

3. ¿De qué manera tu feminismo ha rechazado, menospreciado o simplemente ignorado a los líderes BIPOC?

4. ¿De qué manera tu feminismo se ha centrado en las personas blancas?

5. Si eres una persona que se ha llamado a sí misma una feminista interseccional, ¿de qué manera has puesto en el centro a las mujeres BIWOC?

Día 23

TÚ Y LOS LÍDERES BLANCOS

«Si no nos desafiamos mutuamente a utilizar nuestras plataformas para algo más que nuestros nichos o nuestra marca, ¿qué estamos haciendo como *influencers*? Si no podemos activar nuestra audiencia en los momentos importantes o necesarios, entonces ¿para qué tenemos estas plataformas?».

— LUVVIE AJAYI

TÚ Y LOS LÍDERES BLANCOS

Durante las últimas veintidós reflexiones, has investigado profundamente, explorando pensamientos, creencias, comportamientos y motivaciones de la supremacía blanca dentro de ti. Los próximos días de trabajo examinaremos cómo se desarrollan estos comportamientos en las relaciones entre tú y otras personas con privilegio blanco, tanto aquellas que están en tu vida como aquellas que tienen un impacto en ella. Hoy vamos a hablar de ti y de los líderes blancos, específicamente las personas con privilegio blanco en puestos de liderazgo, autoridad y poder con los que entras en contacto.

Algunos ejemplos de líderes incluyen maestros, instructores, mentores, autores, conferencistas, figuras públicas, los administradores en tu trabajo u otras instituciones, líderes religiosos, líderes comunitarios, líderes de proyectos, políticos, etcétera. También te incluye a ti mismo si estás en una posición de liderazgo y a tus compañeros que también están en posiciones similares.

¿POR QUÉ NECESITAS EXAMINAR TU RELACIÓN CON LOS LÍDERES BLANCOS?

Las personas con privilegio blanco que están en posiciones de liderazgo tienen una gran responsabilidad. Además del privilegio blanco que ya poseen, también tienen la capacidad de tener un mayor impacto en cómo se trata a las personas BIPOC, porque su voz tiene más peso y su autoridad significa que a veces tienen la capacidad de crear o influir en políticas y prácticas. Además, ya sea correcto o incorrecto, a menudo consideramos a las personas en posiciones de liderazgo como modelos a seguir de cómo existir en el mundo.

Sin embargo, también podemos pedir a nuestros líderes que actúen mejor. Cuando los líderes tengan claro que su audiencia, empleados, miembros de la comunidad y votantes insisten en el cambio, entonces no tendrán más remedio que hacer el trabajo que tú estás haciendo en este momento. Pero si todos se quedan callados, nada cambia. Entre más hagas tu propio trabajo antirracista, más podrás influir en los líderes blancos para que hagan también el suyo. Y entre más hagan ellos su trabajo antirracista, más podrán influir en otras personas con privilegio blanco para que hagan también su propio trabajo.

REFLEXIONES PARA EL DIARIO

1. Considerando lo que has aprendido sobre los comportamientos de la supremacía blanca a lo largo de los Días 1 al 22 ¿cómo respondes cuando ves a líderes blancos comportarse de las siguientes maneras?

   a. Cuando controlan el tono de las personas BIPOC
      - *Cuando alegan ceguera al color*
      - *Cuando utilizan tropos antinegros o estereotipos racistas*
      - *Cuando practican la apropiación cultural*
      - *Cuando practican el apoyo aliado óptico y el salvacionismo blanco*

   b. Cuando has observado a líderes blancos practicar estos comportamientos, ¿de qué manera tu propia fragilidad y silencio blancos han impedido que les pidas que actúen mejor?

2. ¿De qué manera tu miedo a perder el privilegio y la comodidad impide que exijas mejores prácticas a los líderes blancos?

3. ¿Cuán consciente has estado de si los líderes blancos que sigues están haciendo un trabajo antirracista profundo? ¿Qué tanta prioridad ha tenido para ti ir más allá del efecto visual de la diversidad?

4. En el caso de que seas tú quien está en la posición de liderazgo, ¿cómo planificas responder a tus propios comportamientos en el futuro? ¿Cómo planificas hacerte responsable de actuar mejor?

Día 24

TÚ Y TUS AMIGOS

«No existe un hada del cambio social. Solo existen cambios hechos por las manos de individuos.»

— WINONA LADUKE

TÚ Y TUS AMIGOS

Hoy seguiremos analizando las conexiones personales que tienes y cómo reaccionas cuando observas comportamientos relacionados con la supremacía blanca. Muchas veces, hay cierta renuencia a pasar por el momento incómodo de cuestionar comportamientos racistas o, si los cuestionas, lo haces de una manera tan delicada y sutil que resulta esencialmente ineficaz.

En la reflexión de hoy, no solo vamos a hablar de tus amigos más cercanos, ya que a menudo con ellos es más fácil decir lo que piensas. Ya existe una buena relación, conexión y comprensión implícita de que los cuestionamientos no se reciben necesariamente como ataques personales (¡aunque puede suceder!).

En cambio, te invito a que compartas tu opinión con *todos* tus círculos de amigos y conocidos. Tus compañeros de trabajo. Tus colegas. Otros padres de familia en tu comunidad. Otros estudiantes en tu escuela. Otras personas en tu comunidad espiritual. Otros emprendedores en tus círculos empresariales. Otros artistas en tus círculos creativos. Amigos de la familia. Los amigos de tu pareja. Amigos de amigos con quienes has pasado tiempo. Y así sucesivamente.

¿POR QUÉ NECESITAS EXAMINAR TU RELACIÓN CON TUS AMIGOS?

En el tema de ayer, hablamos sobre la influencia que podemos tener en nuestros líderes. Esta influencia es aún mayor con nuestros amigos. Debido a tu proximidad y relaciones con estas personas que están en tu vida, tienes una posibilidad aún mayor de motivarlos a que se involucren en una práctica antirracista consciente. De manera similar, si practicas silencio blanco y apatía blanca, los estás invitando a que hagan lo mismo.

REFLEXIONES PARA EL DIARIO

1. ¿De qué manera has respondido cuando has presenciado palabras y comportamientos racistas por parte de estas personas que están en tu vida?

2. ¿De qué manera te has quedado callado o has disculpado a estas personas inventando excusas en tu mente?

3. ¿De qué manera has pensado que no vale la pena decir algo y tener que pasar por esa situación incómoda? ¿O de qué manera has considerado que es tu responsabilidad abordar el tema con tus amigos ya que tienes más influencia sobre ellos por la amistad que los une?

4. ¿Hay ciertas personas con las que te sientes más cómodo de decir lo que piensas que con otras? ¿Por qué ocurre eso?

5. ¿Hay ciertas personas con las que mantienes una relación de amistad a pesar de que son problemáticas y se niegan a cambiar?

6. ¿De qué manera has arriesgado estas relaciones al cuestionar comportamientos racistas incluso cuando nadie te lo va a agradecer?

7. ¿Cómo te sientes acerca de tus amigos que no están haciendo su propio trabajo personal antirracista?

8. ¿Qué esfuerzos has hecho para invitar a tus amigos a que hagan trabajo antirracista contigo?

9. ¿Cómo has permitido que tus amigos te influyan a *no* participar en la labor antirracista?

Día 25

TÚ Y TU FAMILIA

«Nadie nace odiando a otra persona por el color de su piel, origen o religión. Las personas deben aprender a odiar, y si pueden aprender a odiar, se les puede enseñar a amar, porque el amor es más natural en el corazón humano que su opuesto».

— NELSON MANDELA

TÚ Y TU FAMILIA

Voy a presentar el tema de hoy diciendo que *todos* tenemos problemas familiares. Todos tenemos dinámicas de familia que van desde sentimientos heridos hasta traumas y secretos. Por lo tanto, incorporar temas de raza y racismo a estas dinámicas resulta mucho más complicado que con tus amigos o compañeros de trabajo.

Sin embargo, tu singular y compleja dinámica familiar no te exime de hacer este trabajo en tus círculos familiares. Las personas BIPOC también han tenido que complicar sus dinámicas de familia. Y encima de eso, todavía tienen que lidiar con el racismo y la supremacía blanca.

¿POR QUÉ NECESITAS EXAMINAR TU RELACIÓN CON TU FAMILIA?

Al igual que en el tema de ayer, tu familia es un espacio donde tienes una gran influencia. También representa el espacio donde aprendiste, o no aprendiste, sobre el privilegio blanco y la supremacía blanca. Y si eres padre de familia, representa un espacio donde tienes una gran influencia sobre la manera en que tus hijos, como personas con privilegio blanco, practicarán o no practicarán el antirracismo. Con frecuencia, se pone mucho énfasis en tener «la gran conversación» sobre racismo con tus familiares en eventos anuales como Acción de Gracias o Navidad. Sin embargo, esta no es una conversación de una sola vez. Es un proceso continuo que no solo contempla el uso de insultos raciales o la apropiación cultural, sino que también incluye discusiones más profundas sobre contextos históricos y culturales que privilegian la blanquitud, y exploraciones para analizar los comportamientos sutiles pero igualmente dañinos de la supremacía blanca que hemos examinado en este libro, como la ceguera al color, el control del tono, el silencio blanco, el excepcionalismo blanco, y otros. Con una comprensión más detallada, luego de hacer este trabajo acerca de cómo las personas liberales con privilegio blanco también son cómplices de la supremacía blanca, te encuentras en una posición poderosa para ayudar a los miembros de tu familia a expandir y profundizar su propio conocimiento y práctica antirracistas.

REFLEXIONES PARA EL DIARIO

1. ¿Cómo te sientes acerca de compartir con tus familiares lo que piensas sobre el racismo y las creencias y acciones de la supremacía blanca?

2. ¿Cómo has disculpado o ignorado los comportamientos racistas de tus familiares porque te parece un asunto demasiado complicado y quieres mantener la paz?

3. ¿Cómo has disculpado el racismo de tus mayores porque son «de otros tiempos»?

4. Si eres padre de familia, ¿cómo hablas a tus hijos sobre el racismo más allá de «no debemos ver el color»? ¿Qué tan temprano hablaste o vas a hablar con tus hijos sobre el racismo y el privilegio blanco? ¿Qué tan temprano te hablaron tus padres sobre el racismo y el privilegio blanco?

5. ¿Qué creencias racistas de tu familia has internalizado?

6. ¿En qué medida das prioridad a la comodidad blanca de tu familia por encima del trabajo antirracista?

7. ¿De qué maneras puedes comenzar a tener conversaciones más profundas con tu familia acerca del racismo?

8. ¿Cómo permites que el perfeccionismo impida que puedas tener conversaciones raciales con tu familia?

9. ¿De qué manera organizas (o puedes organizar) a tu familia para que muestre su apoyo a las personas BIPOC en tus comunidades (no desde un lugar de salvacionismo blanco sino ofreciendo tu tiempo y recursos a movimientos y organizaciones antirracistas dirigidos por personas BIPOC en tus comunidades)?

Día 26

TÚ Y TUS VALORES

> «Nunca olvides que la justicia es la manifestación del amor en público».
>
> — CORNEL WEST

TÚ Y TUS VALORES

Ahora solo nos quedan tres días de trabajo. Sin embargo, como ya te habrás dado cuenta, este trabajo dura toda la vida. Por eso, en estos últimos días, examinaremos algunos aspectos para ayudarte a mantener tu compromiso con el trabajo, después de que hayan terminado estos veintiocho días.

Hoy, vamos a examinarte a ti y a tus valores. Nuestros valores son los principios y estándares que guían cómo vivimos nuestras vidas y dónde elegimos poner nuestra energía. Nuestros valores son el conjunto personal de creencias que determinan nuestras acciones y lo que es más importante para nosotros en la vida. Nuestros valores son a menudo una mezcla de principios rectores que hemos elegido para nosotros y que también hemos adoptado mediante el condicionamiento (ya sea social o religioso).

¿POR QUÉ NECESITAS EXAMINAR TUS VALORES?

Tener privilegio blanco y estar condicionado por el sistema de supremacía blanca significa que tienes algunos valores subconscientes cuya naturaleza es supremacista blanca. Estos valores pueden entrar en conflicto con otros valores que has elegido conscientemente.

Por ejemplo, estar condicionado por la supremacía blanca significa que probablemente uno de tus valores tiene que ver con la superioridad blanca —la idea de que, como persona con privilegio blanco, eres más digno y mereces ocupar más espacio y recursos que las personas BIPOC. Al mismo tiempo, sin embargo, puedes tener un valor elegido que dice que crees que todas las personas son iguales y merecen ser tratadas por igual. Estos dos conjuntos de valores están en conflicto y hacen que actúes de una manera que contradice cómo te ves a ti mismo y lo que crees que valoras.

A lo largo de este libro, hemos estado explorando la idea de lo que significa ser una «persona blanca buena». En este momento, muchos de ustedes se han dado cuenta de que aferrarse a esta noción realmente ha causado más daño que bien porque les ha impedido hacer el verdadero trabajo. Cuando estás tan enfocado en asegurarte de que otras personas sepan que no eres racista, simplemente continúas practicando el racismo a través de comportamientos como el excepcionalismo blanco, el *tokenismo*, el apoyo aliado óptico y el salvacionismo blanco.

A medida que te acercas al final de este libro y examinas tus valores, te invito a que definas por ti mismo lo que significa ser «bueno» como una persona con privilegio blanco. Te invito a que dejes ir el deseo de ser *visto* como bueno por otras personas y, en cambio, explores lo que significa para ti reconocer que eres una persona con privilegio, y también una persona comprometida con la práctica antirracista.

REFLEXIONES PARA EL DIARIO

1. ¿Hasta qué punto tus valores te han ayudado a practicar el antirracismo?

2. ¿Qué valores contradictorios tienes que dificultan tu habilidad de practicar el antirracismo?

3. ¿Qué nuevos valores y creencias fundamentales piensas que necesitas integrar después de hacer este trabajo para que puedas practicar de mejor manera el antirracismo de por vida?

4. ¿De qué manera tu deseo de ser visto como una persona buena con privilegio blanco te ha impedido en realidad ser «bueno»?

Día 27

TÚ Y LA PÉRDIDA DEL PRIVILEGIO

«La blanquitud es una ventaja y un privilegio porque tú lo has hecho así, no porque el universo lo exija».

— MICHAEL ERIC DYSON, *LAS LÁGRIMAS QUE NO PODEMOS PARAR: UN SERMÓN PARA LA AMÉRICA BLANCA (TEARS WE CANNOT STOP: A SERMON TO WHITE AMERICA)*

TÚ Y LA PÉRDIDA DEL PRIVILEGIO

Ahora estamos completando el círculo. Cuando comenzaste este libro, el Día 1 fue todo sobre ti y el privilegio blanco. En los últimos veintiséis días, has explorado lo que significa ese privilegio de una manera que probablemente nunca hayas hecho antes. Has podido ver cómo tu privilegio ha causado daño a las personas BIPOC.

También habrás comenzado a darte cuenta de que para que las cosas cambien, debes perder parte de ese privilegio. No estoy hablando de «usar tu privilegio para bien» como si fueses una especie de súper aliado salvador blanco. No se trata de rescatar o salvar a las personas BIPOC convirtiéndote en una «voz para los que no tienen voz». Más bien estoy hablando de los privilegios, ventajas y comodidades a los que debes estar dispuesto a renunciar para que las personas BIPOC puedan tener más dignidad en sus vidas. El privilegio blanco es una burbuja que te protege, que te recompensa con ventajas no ganadas, que te hace creer que tienes derecho a estar en todos los espacios todo el tiempo, que te protege de manifestar tu apoyo a las personas BIPOC y que te otorga una sensación de autoridad y poder.

¿POR QUÉ NECESITAS EXAMINAR LA PÉRDIDA DEL PRIVILEGIO?

Si bien el trabajo que hemos estado haciendo aquí es importante para ayudarte a profundizar tu comprensión y conocimiento acerca del privilegio y el racismo, si no renuncias a parte de ese privilegio, nada cambia.

Estar dispuesto a perder el privilegio se manifiesta de las siguientes maneras:

+ Asumir la responsabilidad de tu propia educación antirracista con los recursos gratuitos y no gratuitos que se encuentran disponibles públicamente, en lugar de esperar que las personas BIPOC hagan ese trabajo por ti.

+ Hablar con tus amigos y familiares que tienen privilegio blanco acerca de tu práctica antirracista.

+ Tener conversaciones raciales con otras personas blancas, ya sea en persona o en línea.

+ Donar dinero a causas, movimientos y organizaciones que trabajan por la liberación y la dignidad de las personas BIPOC.

+ Apoyar con tu dinero a más empresas, emprendimientos y proyectos dirigidos por personas BIPOC.

✦ Amplificar las voces de personas BIPOC (ya sea que su trabajo sea o no sobre racismo y justicia social).

✦ Manifestar tu apoyo en protestas y marchas a favor de personas BIPOC.

✦ Cuestionar pública y/o personalmente a líderes, organizaciones e instituciones que discriminan y perjudican a personas BIPOC.

✦ Continuar manifestando tu apoyo, incluso cuando te cuestionen en público, sientas incomodidad o fatiga, o no seas recompensado por ello (social o monetariamente).

✦ Ocupar menos espacio y permitir que las personas BIPOC ocupen más espacio para que puedan ser escuchadas y se pueda seguir su liderazgo.

✦ Arriesgar tus relaciones y tu comodidad al decir lo que piensas en lugar de quedarte callado.

REFLEXIONES PARA EL DIARIO

1. ¿De qué maneras tu privilegio debe cambiar para que puedas practicar de forma consistente la labor antirracista?

2. ¿Cómo debes cambiar la manera en la que ocupas espacios que corresponden a las personas BIPOC?

3. ¿Cómo debes cambiar la manera en la que manifiestas tu apoyo a las personas BIPOC?

4. ¿Qué riesgos debes estar dispuesto a asumir? ¿Qué sacrificios debes estar dispuesto a hacer?

5. ¿Qué comodidades debes estar dispuesto a perder?

6. ¿De qué maneras debes asumir una mayor responsabilidad?

7. ¿De qué forma necesitas descentrar la blanquitud y la mirada blanca?

8. ¿De qué forma necesitas perder privilegios y garantías en tus relaciones de amistad, espacios de trabajo, negocios, familias, comunidades espirituales y otros espacios centrados en las personas blancas?

9. ¿Estás dispuesto a perder tu privilegio blanco después de todo lo que has aprendido aquí?

Día 28

TÚ Y TUS COMPROMISOS

> «La pregunta relevante no es si todas las personas blancas son racistas, sino cómo podemos llevar a más personas blancas de una posición de racismo activo o pasivo a una de antirracismo activo».
>
> — BEVERLY DANIEL TATUM, *¿POR QUÉ TODOS LOS NIÑOS NEGROS ESTÁN SENTADOS JUNTOS EN LA CAFETERÍA? (WHY ARE ALL THE BLACK KIDS SITTING TOGETHER IN THE CAFETERIA?)*

TÚ Y TUS COMPROMISOS

¡Estamos en la recta final de este libro! Pero ciertamente no en la recta final de la labor de por vida que involucra el trabajo antirracista. Tómate un momento para darte cuenta de dónde y cómo estás ahora. ¿Como te sientes? Me imagino que estás experimentando muchas emociones diferentes este día, desde el agotamiento y la angustia hasta la inspiración, la determinación y más. Quizás tengas más preguntas que respuestas. Esto es normal. Cuando nuestras percepciones se han ampliado y vemos cosas que nunca habíamos visto antes, es normal querer recrear un sentimiento de estabilidad y certeza encontrando algunas respuestas claras y sólidas. Comprender la carga del privilegio blanco y lo que significa ser personalmente cómplice en el sistema de supremacía blanca puede ser abrumador.

Sostener esa carga y realmente asumir esa verdad es una parte importante del trabajo que las personas con privilegio blanco deben hacer. Las personas BIPOC han estado cargando con el peso de lo que se siente ser oprimido y marginado toda su vida; más aún, durante generaciones. La aflicción, la ira y la confusión que sientes también son parte del trabajo. Sin esos sentimientos, nada cambia, porque no hay razón para sanar lo que no se siente fracturado.

Te invito a que no huyas del dolor, sino que permitas que éste abra tu corazón. Los intentos superficiales para sanar las heridas causadas por el racismo, como la ceguera al color, el *tokenismo* y el salvacionismo blanco, te protegen de tener que sentirlo. Hacer el trabajo interno y profundizar en la verdad hace añicos todos los juegos y engaños, brindándote una oportunidad auténtica de crear un cambio. No hay garantías en este trabajo. No existe una manera simple, cómoda o conveniente de desmantelar un sistema violento de opresión. Debes arremangarte y meter las manos en la tierra fea y fértil.

Lo que has descubierto en los últimos veintisiete días ya no se puede ocultar de nuevo. No puedes volver a ser como eras antes. No puedes no ver y no saber lo que ahora ves y sabes. Y si eligieras hacer eso, estarías peor que cuando empezaste este trabajo el Día 1.

Ahora que hemos llegado al final de este libro, la pregunta es, ¿cómo te mantendrás comprometido a partir del Día 29 en adelante? En realidad, esta es una pregunta que quiero que vuelvas a considerar a diario, porque todos los momentos de iluminación y aprendizaje del mundo no significan nada si no conllevan a acciones para lograr un cambio.

Hace dos días examinamos tus valores, y ayer vimos lo que estás dispuesto a perder en términos de tu privilegio. Hoy, vamos a examinar qué compromisos estás dispuesto a hacer para practicar el antirracismo de por vida.

Ten en cuenta que no estoy hablando de hacer promesas. No puedes hacer promesas que inevitablemente vas a romper. Y vas a romperlas, porque ser humano implica cometer errores, olvidar y querer regresar a lo que es conocido, seguro y cómodo, y el privilegio blanco es una gran fuente de comodidad y seguridad. Pero lo que puedes hacer es asumir compromisos y tomar acciones con base en esos compromisos. Y puedes volver a comprometerte diariamente y a tomar acciones diariamente. De esa forma, incluso cuando te equivoques, olvides y caigas en viejos hábitos y comportamientos supremacistas, puedes volver a asumir tus compromisos y comenzar de nuevo. El trabajo antirracista no se trata de ser perfectos. Se trata de la intención de ayudar a crear un cambio con el compromiso consistente de seguir aprendiendo, seguir manifestando tu apoyo y seguir haciendo lo que sea necesario para que las personas BIPOC puedan vivir con dignidad e igualdad.

REFLEXIONES PARA EL DIARIO

1. Escribe tres acciones que realizas fuera de tu zona de confort y que te comprometes a asumir en las próximas dos semanas para practicar el antirracismo.

   Estas podrían ser conversaciones incómodas que necesitas tener, cambios significativos en tu vida que necesitas hacer, alguien a quien necesitas cuestionar en privado o en público, disculpas sinceras que debes pedir, anuncios que necesitas hacer, organizaciones en las que necesitas comenzar a ofrecerte como voluntario, etcétera. Logra que estas acciones sean lo más *específicas* posibles (qué/dónde/cuándo/cómo/quién/por qué) y también deja claro cómo te harás responsable de estas acciones (por ejemplo, elige y notifica a un compañero de rendición de cuentas).

2. A partir de hoy y durante la próxima semana, comienza a escribir tus compromisos con este trabajo.

Crea una declaración de compromisos a la que podrás referirte todos los días, especialmente en los días en que olvidas el trabajo, cometes errores o comienzas a caer de nuevo en la apatía blanca. Tus compromisos no son lo que vas a *intentar* hacer o vas a *esperar* hacer, sino lo que *vas* a hacer.

Para crear este documento, repasa todos los días de este trabajo y recuerda las formas en que has hecho daño y las formas en que estás comprometido a cambiar. Piensa en lo que estás dispuesto a comprometerte en tu vida personal, tu vida familiar, tus amistades, tu vida laboral y empresarial y tu vida comunitaria.

Utiliza una o todas las sugerencias que ves a continuación como guía para crear tu declaración de compromisos:

- *Me comprometo a hacer este trabajo antirracista para toda la vida porque...*
- *Me comprometo a desafiar mi fragilidad blanca por medio de...*
- *Me comprometo a usar mi voz para el trabajo antirracista mediante...*
- *Me comprometo a cuestionar el racismo de otras personas con privilegio blanco por medio de...*
- *Me comprometo a elevar, apoyar y poner en el centro a las personas BIPOC mediante...*
- *Me comprometo a apoyar monetariamente los siguientes movimientos y causas de personas BIPOC...*
- *Me comprometo a descentrarme como persona con privilegio blanco por medio de...*

- *Me comprometo a continuar de por vida mi educación sobre el antirracismo mediante...*
- *Me comprometo con los siguientes valores que me ayudarán a practicar el antirracismo...*
- *Me comprometo a luchar contra mi apatía blanca por medio de...*
- *Me comprometo a mostrar mi apoyo incluso cuando cometo errores mediante...*
- *Me comprometo a usar mi privilegio para colaborar con el antirracismo por medio de...*
- *Me comprometo a desafiar mi apoyo aliado óptico mediante...*
- *Me comprometo a ser un buen antepasado por medio de...*

Los compromisos son declaraciones firmes de solidaridad y acción. No son garantías de que realmente harás el trabajo, pero te ayudarán a enfocarte para que sepas el trabajo que deberías estar haciendo. Comprométete con esta labor de por vida. Escribe tu declaración y luego vive tu vida de acuerdo con esos compromisos.

Para asegurarte de que tu declaración de compromisos no se convierta en un documento simbólico que aparenta pero que no da seguimiento a través de la acción, mantenla en un lugar donde puedas verla todos los días. Que no se quede solo en tu diario. Ponla en algún lugar de tu casa y/o espacio de trabajo donde la puedas ver todos los días para que te recuerde a qué te has comprometido. Si estás trabajando en este libro con miembros de tu familia, considera también crear una declaración de compromisos de toda la familia.

Para crear un sentido de responsabilidad, comparte tu declaración de compromisos con una persona

o personas en tu vida que también estén comprometi-
das con el cambio social y el trabajo antirracista. Man-
tengan mutuamente la responsabilidad de manifestar
su apoyo de la manera en que se han comprometido.
No se permitan volver a caer en los comportamientos
que hemos explorado en este libro.

Recuerda: No tienes que escribir todos tus compromisos
hoy. Comienza hoy, pero continúa tu declaración durante
los próximos días, semanas, meses y años. Tu declaración
de compromisos no es un documento sólido escrito en pie-
dra. Trátala como una declaración que vive, que respira,
que evoluciona y que profundiza cada vez más; es una declaración que refleja tu propio crecimiento en este trabajo
y tu compromiso con el antirracismo como una práctica de
por vida.

No hay final
Para lo que un mundo viviente
Va a exigir de ti.

Earthseed: los libros
de los vivos I, verso 21

Octavia Butler, *Parábola del sembrador*
(Parable of the Sower)

¿Y ahora qué?

CONTINUAR EL TRABAJO DESPUÉS DEL DÍA 28

Después de veintiocho días de reflexiones y exploración interna, ahora tienes una base sólida para continuar avanzando en tu práctica antirracista. Además de eso, también tienes un recurso extremadamente valioso: el diario en el que has trabajado las reflexiones de cada día. Tu escritura te ha revelado lo que necesitabas saber acerca de tu complicidad personal y tu relación con la supremacía blanca. ¿Qué debes hacer con este diario?

Mantenlo contigo y consúltalo una y otra vez cuando necesites volver a examinar de qué manera se manifiesta para ti la supremacía blanca. También ten en cuenta que este diario te ha dado una primera capa de revelaciones. Hay muchas más capas que examinar. En la medida en la que tu conocimiento se ha expandido para hacerte más consciente de *cómo* (y no *si acaso*) el racismo está en juego, verás aún más cómo se desarrolla la supremacía blanca dentro de ti y dentro de la sociedad. Para llegar a estas capas más profundas e ir más allá en tu exploración, compra un diario nuevo y, cuando estés listo, comienza los veintiocho días nuevamente. Utiliza este libro como un recurso para que asumas la responsabilidad de hacer tu propio trabajo. Considéralo como una herramienta en tu mochila antirracista.

CONSEJOS PARA APOYARTE A CONTINUAR HACIENDO TU TRABAJO

✦ Vuelve a las preguntas del diario reflexivo una y otra vez según sea necesario. Profundiza cada vez más. Explora más para causar menos daño.

✦ Busca educadores y maestros antirracistas. Asiste a sus clases, cursos, talleres y eventos. La reflexión personal es importante, pero no es suficiente. Busca espacios donde puedas aprender directamente de educadores antirracistas.

✦ Haz que la curaduría de tu educación antirracista y las acciones consiguientes sean tu responsabilidad. Encuentra artículos, *podcasts*, libros, publicaciones y otros recursos para ampliar tu comprensión de la opresión histórica y actual. Haz del aprendizaje de por vida sobre el antirracismo uno de tus valores. Consulta la sección de Recursos al final de este libro como punto de partida.

✦ Hazte presente en reuniones, manifestaciones, marchas y eventos para recaudar fondos que beneficien a personas BIPOC. Hazte presente, punto.

✦ Apoya monetariamente a entidades, organizaciones sin fines de lucro y candidatos políticos que luchan por los derechos de las personas BIPOC.

✦ Anima, pon en el centro, remunera y eleva a los líderes y los educadores BIPOC.

✦ Mantén tus compromisos de vivir tu vida con integridad y de acuerdo con tus valores antirracistas. Vive estos compromisos a diario.

PASAR DE LO PERSONAL A LO SISTÉMICO

Este trabajo interno que has estado haciendo de examinar, reflexionar, cambiar y actuar de manera diferente es solo la punta del iceberg en el trabajo para desmantelar la supremacía blanca. Para que ocurra un cambio real, debes también cuestionar los sistemas y trabajar para crear cambios estructurales, desmantelando la supremacía blanca tanto a nivel institucional como personal. Es difícil imaginar cómo sería un mundo sin supremacía blanca. Un mundo donde las personas BIPOC puedan vivir con el mismo nivel de dignidad y humanidad que las personas blancas. Sin embargo, debemos continuar trabajando para lograrlo. La supremacía blanca es el paradigma que hemos llegado a aceptar como normal. Pero que parezca normal no hace que sea correcto. Nunca lo ha hecho.

Aunque este trabajo personal antirracista es solo una de las muchas aristas del desmantelamiento de la supremacía blanca, es increíblemente importante. Los sistemas no cambian a menos que las personas que los mantienen cambien, y cada persona es responsable de mantener el sistema. Por lo tanto, es tu responsabilidad contigo mismo, tus comunidades, tus instituciones educativas, tus corporaciones y tus instituciones gubernamentales hacer el trabajo que *puedas* hacer todos los días para crear el cambio que el mundo necesita creando primero un cambio dentro de ti.

UN COMENTARIO FINAL

Comencé este libro contándote sobre mi propósito, el cual es convertirme en un buen antepasado. Dejar este mundo en un mejor lugar de lo que lo encontré, para mis hijos y para todos los que han sido y serán impactados por mi presencia en el planeta. Al acercarnos al final de nuestro tiempo juntos, quiero hablar con el buen antepasado que yace dentro de ti, la persona dentro de ti que llegó a este libro con preguntas sobre cómo desmantelar la supremacía blanca y que deja este libro sabiendo que *tú* eres parte del problema y que *simultáneamente* eres también parte de la solución. Existe un gran poder y responsabilidad en ese conocimiento. Pero el conocimiento sin acción no significa nada.

Para desmantelar este sistema de opresión y marginación que ha causado tanto daño durante tantas generaciones, nos necesitamos unos a otros. Para poder crear un mundo nuevo, la contribución de todos es importante. Y como alguien que posee privilegio blanco, tu contribución en este trabajo es de suma importancia. No importa quién seas, tienes el poder de motivar cambios en el mundo. Los efectos de tus acciones, conscientemente elegidas o no, van a impactar a todos los que entren en contacto contigo y todo lo que crees en el mundo mientras estés vivo. Puedes continuar permitiendo inconscientemente que la supremacía blanca te utilice como a tus antepasados, para causar daño y marginación a las personas BIPOC. O puedes elegir intencionalmente destruir y desmantelar la supremacía blanca dentro de ti y tus comunidades para que las personas BIPOC puedan vivir libres de racismo y opresión.

La decisión es tuya. El momento es ahora.

Ayuda a cambiar el mundo. Sé un buen antepasado.

Apéndice

TRABAJO EN GRUPO: CÍRCULOS DE LECTORES DE YO Y LA SUPREMACÍA BLANCA

Cuando inicialmente creé y dirigí el desafío *Yo y la supremacía blanca*, no sabía que se volvería viral. No sabía que eventualmente lo convertiría en un cuaderno de ejercicios gratuito, o que eventualmente se convertiría en este libro que tienes en tus manos. No sabía que existiría una gran demanda de personas queriendo saber cómo trabajar estas preguntas reflexiones en un diario en entornos familiares, comunitarios, académicos y laborales. Mientras escribía este libro, una de las preguntas que surgieron una y otra vez fue «¿Habrá instrucciones acerca de cómo trabajar el libro en grupo?».

Cuando se concibió originalmente, el proceso del desafío de veintiocho días fue diseñado específicamente como una actividad personal, de autorreflexión. Cuando pensé en la pregunta de cómo hacer que este trabajo personal se tradujera a un entorno grupal, supe que no quería reinventar la rueda. No quería tener que diseñar un procedimiento completamente nuevo. En lugar de eso, quise buscar uno que pudiera funcionar con el libro. Como parte de mi investigación, sabía que quería encontrar un proceso que fuera:

✦ Demostrado a través del tiempo.

✦ No jerárquico.

✦ Estructurado pero flexible.

✦ Capaz de ser utilizado por grupos grandes o pequeños, íntimos u organizacionales, virtuales o en persona, etcétera.

✦ Simple y fácil de implementar, pero poderoso.

Para mí era muy importante que el proceso que recomendara para entornos grupales no perpetuara, por su diseño, la dinámica opresiva de poder. También era muy importante para mí que el proceso fuera uno en el que yo personalmente encontrase un valor adicional como participante, y que pudiese recomendar cómoda y abiertamente. Al investigar formas de tener conversaciones sobre la supremacía blanca, me encontré con el proceso de Christina Baldwin y Ann Linnea denominado *La Vía del Círculo*. Ahora jubilados, han puesto cuidadosamente su trabajo de vida en un colectivo que se puede encontrar en el sitio web thecircleway.net. Bajo una licencia de Creative Commons de este sitio web, a continuación, incluyo información básica para usar los principios y prácticas de La Vía del Círculo.

¿EN QUÉ CONSISTE LA VÍA DEL CÍRCULO?

La Vía del Círculo es una estructura para facilitar conversaciones profundas y resultados sensatos basada en una metodología fundada por Christina Baldwin y Ann Linnea en 1992 y explicada en su libro de 2010, *La vía del círculo: un líder en cada silla silla* (The Circle Way: A Leader in Every Chair) Baldwin y Linnea describen La Vía del Círculo como un proceso que reúne a las personas en un círculo, con los participantes en el borde y con el propósito en el centro. Cada persona tiene una voz, y todos pueden verse y escucharse unos a otros. Los acuerdos y prácticas sociales ayudan a facilitar una conversación respetuosa. El procedimiento es simple, pero su impacto es poderoso. El proceso de La Vía del Círculo no es jerárquico y apoya la idea de un líder en cada silla. Todos los que forman parte del círculo son responsables de mantener la estructura, la energía y el propósito del círculo.

Además, La Vía del Círculo se presta bien para la práctica del antirracismo y el cambio en la justicia racial. Su sitio web afirma que «a la luz de estos tiempos, La Vía del Círculo reafirma la práctica esencial de situarse en el borde y recurrir el uno al otro para defender la justicia racial, étnica, de género, económica y ambiental».[53]

El libro *La Vía del Círculo* explica que «en el proceso circular tenemos la oportunidad de sanar nuestras viejas historias y crear otras nuevas que conduzcan a diferentes acciones y creen un mundo diferente. ¡Esta es la tarea esencial de nuestro tiempo! Comprender el poder de la historia y del círculo nos da habilidades para la vida que tienen un potencial profundamente transformador. Podemos hablar del mundo que necesitamos y luego alinear nuestras acciones con nuestra visión. Es lo que nuestros antepasados hacían alrededor del fuego, y si queremos convertirnos en antepasados de las generaciones futuras, esto es lo que debemos hacer hoy».[54]

¿POR QUÉ NECESITAS USAR UN PROCESO EN PARTICULAR PARA TRABAJAR ESTE LIBRO EN GRUPO?

Para mí, es importante que las personas que trabajen este libro tengan la capacidad de hacerlo en grupo si así lo desean. Sin embargo, hay muchos riesgos involucrados en dejar al azar el formato de cómo estos grupos deben ser facilitados. Si se deja al azar, es muy probable que los mismos comportamientos supremacistas blancos discutidos en este libro comiencen a tomar las riendas.

Sin una guía, instrucción y estructura claras, podría ocurrir lo siguiente:

+ Falta de claridad en la intención o propósito para trabajar juntos como grupo.

+ Falta de una estructura clara para mantener una conversación donde todos puedan hablar con el mismo tiempo y enfoque.

+ Falta de pautas y acuerdos claros para lo que se permitirá y no se permitirá durante las reuniones de grupo, lo que podría llevar al caos debido a la fragilidad blanca, el etnocentrismo blanco, el excepcionalismo blanco, etcétera.

+ Formación de una estructura jerárquica en la que algunas personas del grupo pueden dominar sobre otras si hablan más alto, si son más enérgicas, si se las considera «más adelantadas» en el trabajo, etcétera.

+ La falta de enfoque y estructura conduce a la distracción, al descarrilamiento y a que la reunión se convierta simplemente en un evento social.

+ No tener clara la intención del grupo y, por lo tanto, tener ciertos miembros que no están listos o dispuestos a hacer el trabajo. Esto perjudica desde el inicio el propósito de reunirse en grupo.

+ Todo lo anterior y más, lo que puede llevar a que el trabajo de *La supremacía blanca y yo* sea minimizado, tokenizado, perjudicado y finalmente desperdiciado.

Es por estas razones que pido que el formato recomendado para hacer el trabajo de *La supremacía blanca y yo* en grupo sea a través de La Vía del Círculo.

Si realmente deseas organizar un círculo de libro de *Yo y la supremacía blanca*, el mejor lugar para obtener una guía completa es el libro *La Vía del Círculo*. El libro responderá a la mayoría de las preguntas que tengas sobre cómo diseñar y dirigir un círculo de libro de *Yo y la supremacía blanca*.

Sin embargo, no necesitas leer el libro entero para organizar un círculo. Los autores del libro y los fundadores del proceso han creado generosamente muchos recursos gratuitos y de pago en el sitio web de La Vía del Círculo. En la página de Recursos del sitio web, encontrarás libros, videos, pautas de La Vía del Círculo. (que al momento de escribir este libro están disponibles en catorce idiomas), preguntas sobre el círculo, folletos (incluida la muy útil *Guía de Bolsillo de La Vía del Círculo*), historias y consejos de casos prácticos, mapas de aprendizaje y artículos. Con estos recursos, estarás preparado para comprender cómo funciona La Vía del Círculo y cómo diseñar un círculo de libro de *Yo y la supremacía blanca* basado en este proceso.

PAUTAS PARA LA VÍA DEL CÍRCULO

Para mayor claridad, incluyo un breve resumen de las pautas básicas del proceso La Vía del Círculo. Estas pautas están extraídas de los libros *Convocando al círculo: la primera y última cultura* (Calling the Circle: The First and Future Culture) de Christina Baldwin y *La Vía del Círculo*. El siguiente extracto y diagrama se tomaron de las pautas que se pueden encontrar en el sitio web. Las pautas básicas en PDF de La Vía del Círculo condensan el arte de organizar un círculo en un documento de dos páginas que es fácil de comprender. Recomiendo descargar el documento en sí y estudiar todos los recursos en el sitio web para obtener aún más claridad y comprensión sobre cómo funciona el proceso. Christina Baldwin y Ann Linnea han creado generosamente una gran cantidad de recursos para ayudarte a comprenderlo y utilizarlo.

Si tus deseos como anfitrión y/o participante del grupo son honrar verdaderamente el trabajo que estoy ofreciendo a través de este libro, revisa todos los materiales disponibles con cuidado y meticulosidad para asegurarte de crear el mejor espacio posible en el que se pueda realizar este trabajo.

Aprecio el espíritu de generosidad de La Vía del Círculo al permitir que las personas accedan a su información y práctica. Su inclusión aquí no indica promoción. Se alienta a los lectores a explorar su sitio web para acceder a otros materiales disponibles y leer el libro *La Vía del Círculo: un Líder en cada Silla*.

TOMADO DE «LA VÍA DEL CÍRCULO: PAUTAS BÁSICAS PARA CONVOCAR AL CÍRCULO»

Componentes del círculo

Lo que transforma una reunión en un círculo es la voluntad de las personas de pasar de la socialización informal o la discusión obstinada a una actitud receptiva de hablar con detenimiento y escuchar con atención, que encarna las prácticas y estructuras descritas aquí.

Intención

La intención da forma al círculo y determina quiénes lo conforman, su duración y qué tipo de resultados se esperan. La persona
que convoca al círculo pasa tiempo articulando la intención e invitación.

Punto de partida o bienvenida

Una vez reunidos los participantes, es útil para el anfitrión, o un
participante voluntario, iniciar el círculo con un gesto que des-
place la atención de la gente del espacio social al espacio del consejo. Este gesto de bienvenida puede ser un momento de silencio,
leer un poema o escuchar una canción —cualquier cosa que in-
vite a los participantes a enfocarse.

Establecimiento del centro

El centro de un círculo es como el eje de una rueda: todas las energías pasan a través de él y mantiene unido al aro. Para ayudar a las personas a recordar cómo el eje ayuda al grupo, el centro de un círculo generalmente contiene objetos que representan la intención del círculo. Cualquier símbolo que se ajuste a este propósito o añada belleza servirá: flores, un tazón o canasta, una vela.

Presentación / saludo

Presentarse ayuda a las personas a crear una actitud para el consejo y les recuerda su compromiso expresado en la intención. Asegura que las personas estén realmente presentes. El intercambio verbal, especialmente una breve historia, entreteje la red interpersonal. La presentación generalmente comienza con un voluntario y continúa alrededor del círculo. Si una persona no está lista para hablar, se pasa el turno y se le ofrece otra oportunidad después de que otras hayan hablado. A veces las personas ponen objetos individuales en el centro como una forma de indicar su presencia y su relación con la intención.

Guardián

La herramienta más importante para lograr el autogobierno del círculo y realinearlo a la intención

es el rol del guardián. Un miembro del círculo se ofrece como voluntario para vigilar y salvaguardar la energía del grupo y observar el proceso del círculo. El guardián generalmente utiliza un generador de ruido tenue, como un timbre, una campana o una sonaja, alertando a los participantes a detener la acción, a tomar un respiro o a descansar en un espacio de silencio. El guardián vuelve a generar el sonido y explica la razón por la que solicitó la pausa. Cualquier integrante del círculo puede pedir al guardián una pausa.

Establecimiento de acuerdos para el círculo

La utilización de acuerdos permite a los participantes tener un intercambio libre y profundo, respetar diferentes puntos de vista y compartir la responsabilidad del bienestar y dirección del grupo. Los acuerdos que se utilizan a menudo incluyen:

✦ Mantenemos todas las historias y el material personal en confidencialidad.

✦ Nos escuchamos con compasión e interés.

✦ Pedimos lo que necesitamos y ofrecemos lo que podemos.

✦ Acordamos emplear a un guardián del grupo para vigilar nuestras necesidades, tiempo y energía.

✦ Acordamos hacer una pausa al dar o pedir una señal cuando sentimos la necesidad de hacer una pausa.

Tres principios

1. El liderazgo se rota entre todos los integrantes del círculo.
2. La responsabilidad se comparte por la calidad de la experiencia.
3. La confianza está en la integridad, más que en cualquier agenda personal.

Tres prácticas

1. Habla con intención: haciendo notar lo que tiene relevancia para la conversación en el momento.

2. Escucha con atención: respetuoso del proceso de aprendizaje de todos los integrantes del grupo.
3. Cuida el bienestar del círculo permaneciendo consciente del impacto de cada contribución.

Formatos de consejo

1. El consejo facilitado como objeto de conversación a menudo se usa como parte de la bienvenida, la despedida, o siempre que haya un deseo de bajar el ritmo de la conversación, recopilar todas las voces y contribuciones, y poder hablar sin interrupciones.
2. El consejo de conversación se utiliza a menudo cuando se necesita reacción, interacción y una interjección de nuevas ideas, pensamientos y opiniones.
3. La reflexión, o consejo silencioso, le da a cada miembro el tiempo y espacio para reflexionar sobre lo que está ocurriendo o necesita ocurrir en el transcurso de una reunión. Se puede pedir silencio para que cada persona pueda considerar el papel o el impacto que está teniendo en el grupo, para ayudar al grupo a realinearse con su intención o para trabajar en una pregunta hasta que haya claridad.

Cierre y despedida

Al final de una reunión de círculo, es importante permitir unos minutos para que cada persona comente lo que aprendió o lo que permanecerá en su mente y corazón al partir. Cerrar el círculo con una despedida proporciona un final formal para la reunión, una oportunidad para que los participantes reflexionen sobre lo que ha sucedido y recojan los objetos que se hayan puesto en el centro.

En la medida en la que las personas cambian del espacio del consejo al espacio social o al momento privado, se liberan mutuamente de la intensidad de atención que se requiere en el círculo. Con frecuencia, al cerrar el círculo, el anfitrión, el guardián o un voluntario ofrece unas palabras de cierre o pide unos minutos de silencio antes de que se libere el círculo.

CONSIDERACIONES IMPORTANTES PARA CUANDO ESTÉS LISTO PARA CREAR Y DIRIGIR UN CÍRCULO DE *YO Y LA SUPREMACÍA BLANCA*

✦ Antes de hacer cualquier anuncio para crear un grupo, revisa todos los recursos antes mencionados y estúdialos a fondo. Comprende las pautas básicas y la estructura del proceso antes de tomar cualquier acción externa.

✦ Aclara tu intención y propósito declarado para el círculo. No lo dejes al azar. Escribe tu propósito declarado y mantenlo al frente y al centro en cada reunión.

✦ Usa el discernimiento y la intención para invitar a las personas adecuadas a ser parte del círculo. No todos están dispuestos a hacer este trabajo. No todos están dispuestos a seguir la estructura del círculo o a dejar de lado la fragilidad blanca para ser parte de algo más grande. Asegúrate de que las personas que invites a ser parte del círculo estén listas para realmente hacer el trabajo.

✦ Decide el formato para el círculo: ¿será presencial o virtual? Si bien La Vía del Círculo se describe en términos de un círculo físico presencial, he participado en círculos llevados a cabo en plataformas virtuales que siguen el proceso de La

Vía del Círculo. Con la correcta intencionalidad y enfoque, se puede lograr.

- Otras consideraciones:
- ¿Con qué frecuencia se reunirá el círculo?
- ¿Cuándo y dónde se reunirán?
- ¿Cubrirán un día de diario por reunión o los agruparán de tal forma que puedan cubrir algunos días por reunión?
- ¿Cuánto durará la reunión?
- ¿Cuántos minutos tendrá cada persona para hablar durante la parte del consejo de la reunión?
- ¿Escribirán en el diario durante las reuniones o hablarán de lo que han escrito en el diario antes de la reunión?

✦ Piensa cuidadosamente sobre todo el formato del círculo. Es importante hacer la mayor cantidad posible de trabajo de preparación por adelantado para que cuando estés en el momento del círculo, las cosas funcionen sin problemas, las expectativas sean claras y el impacto sea poderoso.

✦ Haz acuerdos muy claros para el círculo. En la *Guía de bolsillo de La Vía del Círculo* (que también se puede encontrar de forma gratuita en su sitio web), los acuerdos se describen como una «red de seguridad interpersonal para la participación en las conversaciones que están por ocurrir. En un círculo, donde se practica el liderazgo rotativo y la responsabilidad compartida, los acuerdos informan a las personas lo que pueden esperar unos de otros y lo que es probable que suceda en sus intercambios». Haz acuerdos claros acerca de cómo se va a dirigir el círculo, qué comportamiento se permitirá o no, cómo se van a cuestionar mutuamente para profundizar en el trabajo, cómo respetarán los límites de los demás, etcétera. Sé lo más específico posible. Los acuerdos iniciales antes de empezar el trabajo pueden ayudar a minimizar los riesgos de descarrilamiento y caos que mencioné anteriormente.

✦ Sé intencional y coherente al seguir los tres principios (liderazgo rotativo, responsabilidad compartida y confianza en la integridad) y las tres prácticas (hablar intencionalmente, escuchar atentamente y cuidar el bienestar del círculo) de La Vía del Círculo.

✦ Ten asignados roles claros para cada reunión, con claridad sobre quién es el anfitrión, guardián y secretario.

✦ No permitas que el círculo se convierta simplemente en un círculo social en el que pasas tiempo con tus amigos. Mantén la intención en cada reunión y no te distraigas ni te desvíes.

✦ No te vuelvas apático o autocomplaciente en el círculo. No permitas que la fragilidad blanca tome las riendas.

✦ Comprende que incluso con todos estos mecanismos de control, todavía es posible que los comportamientos de la supremacía blanca se cuelen (etnocentrismo, dominación, fragilidad, etcétera). Trabaja duro para cuestionarlos en ti y en los otros integrantes del grupo. Esto también es parte del trabajo.

✦ Comprende que ya sea que tengas o no un rol asignado en el círculo, cada integrante del círculo es un líder. Asume la responsabilidad. No dejes el éxito del círculo en manos de una o dos personas. Trabajen juntos como un grupo para garantizar el mejor resultado posible, siendo el mejor resultado posible que al hacer este trabajo, puedan mostrar de mejor forma su apoyo a las personas BIPOC.

PREGUNTAS FRECUENTES

¿Podemos cobrar a las personas por asistir a los círculos de libro de _Yo y la supremacía blanca_?

Ningún facilitador que organice círculos de libro de **Yo y la supremacía blanca** debería utilizar los círculos para obtener ganancias. Sin embargo, está bien cobrar a los asistentes para cubrir los costos de la ubicación si el círculo se lleva a cabo en un lugar que requiera una tarifa. El precio de los boletos debe ser para cubrir solo los costos y no para cubrir el tiempo o energía invertidos en organizar o facilitar el círculo.

¿Podemos pedir a personas BIPOC que se integren a los círculos de libro de _Yo y la supremacía blanca_?

Este trabajo tiene un costo emocional considerable para las personas BIPOC, y el trabajo no es para que lo hagan ellos —es para las personas con privilegio blanco. Si las personas BIPOC quieren asistir al círculo, pueden hacerlo. Sin embargo, no se debe esperar que hagan el trabajo reflexivo del diario, que apoyen el procesamiento emocional o pedirles que enseñen o expliquen si no desean hacerlo. Idealmente, deberían estar allí como observadores, y deberían establecerse límites y políticas claras para garantizar que no hagan una labor emocional y ni se vean perjudicados por agresiones raciales.

¿Podemos contratar a personas BIPOC para que organicen círculos de libro de _Yo y la supremacía blanca_ para mantener nuestra responsabilidad?

Como el proceso de **Yo y la supremacía blanca** es propiedad intelectual protegida, no está permitido contratar a nadie, excepto a Layla Saad o cualquier persona autorizada por Layla Saad para dirigir el proceso. La Vía del Círculo no es un proceso que requiera un líder, sino más bien uno que apoya un líder en cada silla. No se requiere pagar a un facilitador para organizar un círculo de libro de **_Yo y la supremacía blanca_**.

Recursos

GLOSARIO

AAVE: inglés vernáculo afroamericano.

Ally Cookies (elogios de aliado): elogios u otras recompensas por «no ser racista». Por lo general, esperados por personas con privilegio blanco que incurren en el apoyo aliado óptico.

Antinegritud: definido por el diccionario *Merriam-Webster* como estar opuesto a o ser hostil hacia las personas negras. La antinegritud o el racismo anti-negro se pueden encontrar en todo el mundo.

Apatía blanca: un sentimiento de apatía, indiferencia, despreocupación, desapego, insensibilidad e indiferencia acerca del racismo por parte de personas con privilegio blanco.

Apoyo aliado óptico: la ilusión visual del apoyo aliado, sin el verdadero trabajo del apoyo aliado. También conocido como *apoyo aliado performativo* o *teatro aliado.*

Apropiación cultural: un tipo moderno de colonización que implica la apropiación y, a veces, la comercialización de prácticas culturales, tradiciones espirituales, estilos de peinado y vestimenta, estilos de habla y otros elementos culturales. La apropiación cultural ocurre cuando hay un desequilibrio de poder y privilegio —la cultura dominante o privilegiada se apropia de una cultura no dominante o marginada. La apropiación cultural no funciona a la inversa. Las personas BIPOC no pueden apropiarse de elementos asociados a las personas blancas, porque no tienen poder colectivo ni privilegios sobre las personas blancas.

BIPOC: personas negras, personas indígenas y personas de color.

BIWOC: mujeres negras, mujeres indígenas y mujeres de color.

Blackface **(Caranegra):** utilizar maquillaje oscuro para caricaturizar a una persona negra. Sus orígenes se pueden encontrar en los espectáculos de trovadores estadounidenses del siglo XIX donde los actores blancos se pintaban el rostro para representar en el escenario caricaturas racistas de negros esclavizados y libres.

Blackface **digital:** en el mundo digital, la utilización de *emojis*, GIFs y memes que representan a personas negras por parte de personas con privilegio blanco.

Blackfishing: el uso de bronceado artificial y maquillaje por personas con privilegio blanco para hacer que su piel se vea más oscura y dar la impresión de que son de ascendencia africana. Una forma moderna de *blackface*.

Círculo de lectores de *Yo y la supremacía blanca*: basado en *La Vía del Círculo*, esta es la estructura y metodología preferida y recomendada para trabajar en grupo el libro *Yo y **la supremacía blanca***.

Cisgénero: un término para las personas cuya identidad de género coincide con el sexo biológico que les asignaron al nacer.

Colorismo: un término acuñado por la autora Alice Walker en su libro *En busca de los jardines de nuestras madres* (In Search of our Mothers' Gardens). Walker definió el colorismo como el «trato perjudicial o preferencial a personas de la misma raza, basado únicamente en el color de piel».[55] El colorismo ocurre cuando se da un tratamiento prejuicioso a las personas negras y personas de color de piel más oscura y se da un tratamiento preferencial a las personas negras y personas de color de piel más clara.

Control del tono: una táctica utilizada por aquellos que tienen privilegio blanco para silenciar a aquellos que no lo tienen por medio de enfocarse en el tono de lo que se dice en lugar del contenido del mensaje. El control del tono no solo tiene que ser expresado en alto y de forma pública. Las personas con privilegio blanco a menudo controlan el tono de las personas BIPOC en sus pensamientos o a puerta cerrada.

Etnocentrismo blanco: privilegiar a las personas blancas, sus valores, sus normas y sus sentimientos sobre todo y sobre todos los demás. La creencia, consciente o no, de que la blanquitud es la «norma» y de que las personas BIPOC son el «otro».

Excepcionalismo blanco: la creencia de que las personas con privilegio blanco están exentas de la supremacía blanca. La creencia de ser «una persona blanca buena».

Feminismo blanco: un feminismo que se centra en la lucha de las mujeres blancas. Es un feminismo que solo se preocupa por las disparidades y la opresión de género (generalmente cisgénero) pero no tiene en cuenta las disparidades y la opresión de otras intersecciones que son igual de importantes, como la raza, la clase, la edad, la capacidad, la orientación sexual, el género. identidad, etc.

Fragilidad blanca: una frase acuñada por la autora Robin DiAngelo, definida como «un estado en el que incluso una mínima cantidad de estrés racial resulta intolerable, desencadenando una serie de mecanismos de defensa».[56]

Interseccionalidad: un término acuñado por la Dra. Kimberlé Crenshaw, profesora de leyes y defensora de los derechos civiles. Es un marco que nos ayuda a explorar la dinámica entre las identidades coexistentes y los sistemas conectados de opresión, particularmente en lo que se refiere al género, la raza y las experiencias de las mujeres negras.

La mirada blanca: la perspectiva supremacista blanca a través de la cual las personas con privilegio blanco ven a las personas BIPOC. La mirada blanca también describe cómo se definen, limitan, estereotipan y juzgan las personas BIPOC en el imaginario blanco, generalmente en su detrimento.

La vía del círculo: una estructura para lograr una conversación profunda y resultados sabios basada en una metodología fundada por Christina Baldwin y Ann Linnea en 1992 y explicada en su libro de 2010, *La Vía del Círculo: un Líder en Cada Silla* The Circle Way: A Leader in Every Chair) La vía del círculo es la estructura y metodología preferidas y recomendadas que los círculos de libro de *La supremacía blanca y yo* deben seguir para trabajar el libro en entornos grupales.

Misoginoir: misoginia dirigida específicamente hacia las mujeres negras. La intersección del sexismo y el racismo anti-negro.

Privilegio blanco: una frase acuñada por Peggy McIntosh en su artículo de 1988 *Privilegio blanco y privilegio masculino: un relato personal de identificar correspondencias a través del trabajo en los estudios sobre la mujer* (White Privilege and Male Privilege: A Personal Account of Coming to See Correspondences Through Work in Women's Studies) y que definió de la siguiente manera: «He llegado a ver el privilegio blanco como un paquete invisible de bienes no ganados que puedo contar con cobrar cada día, pero de los cuales estaba 'destinada' a permanecer inadvertida. El privilegio blanco es como una mochila invisible y sin peso de provisiones especiales, garantías, herramientas, mapas, guías, libros de códigos, pasaportes, visas, ropa, brújula, equipo de emergencia y cheques en blanco».[57]

Salvacionismo blanco: una idea colonialista que asume que las personas BIPOC necesitan ser salvadas por personas blancas; que, sin la intervención, la instrucción y la orientación de las personas blancas, las personas BIPOC permanecen indefensas; y que, sin la blanquitud, las personas BIPOC, quienes son vistas y tratadas como inferiores a las personas con privilegio blanco, no sobrevivirán.

Silencio blanco: ocurre cuando las personas con privilegio blanco permanecen en silencio cómplice cuando se trata de cuestiones raciales.

Superioridad blanca: la idea errónea, violenta y racista de que las personas con piel blanca, o que pasa por blanca, son superiores y, por lo tanto, merecen dominar a las personas con piel marrón o negra.

Tokenismo: definido por los Diccionarios Oxford como «la práctica de hacer solo un esfuerzo superficial o simbólico para hacer una cosa determinada, especialmente al reclutar un pequeño número de personas pertenecientes a grupos subrepresentados para dar la apariencia de igualdad sexual o racial dentro de la plantilla de una organización».[58]

Volunturismo: la tendencia y el negocio del turismo de voluntariado, donde personas con privilegio provenientes de países occidentales viajan para realizar trabajo voluntario de caridad en países de África, Asia y América Latina. El *volunturismo* ha sido criticado por perpetuar el salvacionismo blanco.

APRENDIZAJE CONTINUO

El antirracismo es una práctica de por vida que requiere una auto-educación constante y consistente. A continuación, comparto una lista no exhaustiva de recursos y maestros que pueden apoyarte en este camino.

LIBROS

White Fragility: Why It's So Hard for White People to Talk About Racism [Fragilidad blanca: por qué es tan difícil para las personas blancas hablar sobre racismo], Robin DiAngelo

What Does It Mean to Be White? Developing White Racial Literacy [¿Qué significa ser blanco? Desarrollando la alfabetización racial blanca], Robin DiAngelo

So You Want to Talk about Race [Entonces quieres hablar de raza], Ijeoma Oluo

I'm Still Here: Black Dignity in a World Made for Whiteness [Todavía estoy aquí: Dignidad negra en un mundo hecho para la blanquitud], Austin Channing Brown

The New Jim Crow: Mass Incarceration in the Age of Colorblindness [El nuevo Jim Crow: encarcelamiento masivo en la era de la ceguera al color], Michelle Alexander

Stamped from the Beginning: The Definitive History of Racist Ideas in America [Pisoteados desde el principio: la historia definitiva de las ideas racistas en Estados Unidos], Ibram X. Kendi

How to Be an Antiracist [Cómo ser antirracista], Ibram X. Kendi

Antagonists, Advocates and Allies: The Wake Up Call Guide for *White Women Who Want to Become Allies with Black Women* [Antagonistas, defensoras y aliadas: guía para las mujeres blancas que quieran convertirse en aliadas de las mujeres negras], Catrice Jackson

Why Are All the Black Kids Sitting Together in the Cafeteria? [¿Por qué todos los niños negros están sentados juntos en la cafetería?], Beverly Daniel Tatum

Sister Outsider: Essays and Speeches [La hermana, la extranjera: artículos y conferencias], Audre Lorde

Ain't I a Woman? Black Women and Feminism [¿Acaso no soy una mujer? Las mujeres negras y el feminismo], Bell Hooks

Emergent Strategy: Shaping Change, Changing Worlds [Estrategia emergente: moldear cambios, cambiar mundos], Adrienne Maree Brown

Citizen: An American Lyric [Ciudadana: una lírica estadounidense], Claudia Rankine

Why I'm No Longer Talking to White People About Race [Por qué ya no hablo de raza con la gente blanca], Reni Eddo-Lodge

Between the World and Me [Entre el mundo y yo], Ta-Nehisi Coates

How to Be Less Stupid about Race: On Racism, White Supremacy, and the Racial Divide [Cómo ser menos estúpido sobre la raza: sobre el racismo, la supremacía blanca y la división racial], Crystal M. Fleming

This Bridge Called My Back: Writings by Radical Women of Color [Esta puente, mi espalda: escritos de mujeres radicales de color], editado por Cherríe Moraga y Gloria Anzaldúa

When They Call You a Terrorist: A Black Lives Matter Memoir [Cuando te llaman terrorista: una memoria de Black Lives Matter], Patrisse Khan-Cullors y Asha Bandele

Eloquent Rage: A Black Feminist Discovers Her Superpower [Rabia elocuente: una feminista negra descubre su superpoder], Brittney Cooper

Algorithms of Oppression: How Search Engines Reinforce Racism [Algoritmos de opresión: cómo los motores de búsqueda refuerzan el racismo], Safiya Umoja Noble

Racism without Racists: Color-Blind Racism and the Persistence of Racial Inequality in the United States [Racismo sin racistas: el racismo ciego al color y la persistencia de la desigualdad racial en Estados Unidos], Eduardo Bonilla-Silva

On Intersectionality: Essential Writings [Interseccionalidad: escritos esenciales], Kimberlé Crenshaw

This Will Be My Undoing : Living at the Intersection of Black, Female, and Feminist in (White) America [Esta será mi ruina: Vivir en la intersección de ser negra, mujer y feminista en la América blanca], Morgan Jerkins

Unapologetic: A Black, Queer, and Feminist Mandate for Radical Movements [Sin concesiones: Preceptos negros, queer y feministas para movimientos radicales], Charlene A. Carruthers

Reclaiming Our Space: How Black Feminists Are Changing the World from the Tweets to the Streets [Reclamando nuestro espacio: cómo las feministas negras están cambiando el mundo de los tweets a las calles], Feminista Jones

Skill in Action: Radicalizing Your Yoga Practice to Create a Just World [Habilidad en acción: radicaliza tu práctica de yoga para crear un mundo justo], Michelle Johnson

Playing in the Dark: Whiteness in the Literary Imagination [Jugando en la oscuridad: la mirada blanca en la imaginación literaria], Toni Morrison

Radical Dharma: Talking Race, Love, and Liberation [Dharma radical: hablar sobre raza, amor y liberación], Rev. angel Kyodo Williams, Jasmine Syedullah y Rod Owens

Tears We Cannot Stop: A Sermon to White America [Las lágrimas que no podemos parar: un sermón para la América blanca], Michael Eric Dyson

On the Other Side of Freedom: The Case for Hope [Al otro lado de la libertad: el caso de la esperanza], DeRay Mckesson

Road Map for Revolutionaries: Resistance, Activism, and Advocacy for All [Hoja de ruta para revolucionarios: resistencia, activismo y defensa para todos], Elisa Camahort Page, Carolyn Gerin y Jamia Wilson

My Grandmother's Hands: Racialized Trauma and the Pathway to Mending Our Hearts and Bodies [Las manos de mi abuela: trauma racial y el camino para reparar nuestros corazones y cuerpos], Resmaa Menakem

Post Traumatic Slave Syndrome: America's Legacy of Enduring Injury and Healing [Síndrome postraumático de esclavo: el legado de daño y sanación de los Estados Unidos], Dra. Joy DeGruy

How We Fight White Supremacy: A Field Guide to Black Resistance [Cómo luchamos contra la supremacía blanca: una guía de campo para la resistencia negra], Akiba Solomon y Kenrya Rankin

How We Get Free: Black Feminism and the Combahee River Collective [Cómo nos liberamos: el feminismo negro y la Colectiva del Río Combahee], editado por Keeanga-Yamahtta Taylor

Women, Race & Class [Mujeres, raza y clase], Angela Y. Davis

They Were Her Property: White Women as Slave Owners [Eran de su propiedad: la mujer blanca como dueña de esclavos], Stephanie E. Jones-Rogers

Blindspot: Hidden Biases of Good People [Punto ciego: prejuicios ocultos de personas buenas], Mahzarin R. Banaji y Anthony G. Greenwald

The Fire Next Time [La próxima vez el fuego], James Baldwin

How to Slowly Kill Yourself and Others in America: Essays [Cómo matarte lentamente a ti mismo y a otros en Estados Unidos: ensayos], Kiese Laymon

Heavy: An American Memoir [Heavy: una memoria estadounidense], Kiese Laymon

Just Mercy: A Story of Justice and Redemption [Solo misericordia: una historia de justicia y redención], Bryan Stevenson

Waking Up White, and Finding Myself in the Story of Race [Despertar como persona blanca y encontrarme en la historia de la raza], Debby IrvingWhite

White Rage: The Unspoken Truth of Our Racial Divide [Rabia blanca: la verdad tácita de nuestra división racial], Carol Anderson

PODCASTS

Good Ancestor Podcast [*Podcast* del buen antepasado], presentado por Layla Saad (http://laylafsaad.com/good-ancestor-podcast)

Seeing White [Ver blanco], por Scene on Radio (https://www.sceneonradio.org/seeing-white/)

Intersectionality Matters! [¡La interseccionalidad importa!] presentado por Kimberlé Crenshaw (http://aapf.org/podcast)

How to Survive the End of the World [Cómo sobrevivir al fin del mundo], presentado por Adrienne Maree Brown y Autumn Brown (https://www.endoftheworldshow.org/)

About Race with Reni Eddo-Lodge [Sobre la raza con Reni Eddo-Lodge] (https://www.aboutracepodcast.com/)

Pod Save the People [Pod salva a la gente], presentado por DeRay Mckesson con Brittany Packnett, Sam Sinyangwe y Clint Smith (https://crooked.com/podcast-series/pod-save-the-people/)

CTZN Podcast [*Podcast* CTZN], presentado por Kerri Kelly (http://www.ctznwell.org/ctznpodcast)

On One with Angela Rye [En uno con Angela Rye] (https://podcasts.apple.com/us/podcast/on-one-with-angela-rye/id1257985728)

Black Girl Mixtape, presentado por EbonyJanice Moore (https://www.blackgirl-mixtape.com/)

All My Relations Podcast [Todas mis relaciones], presentado por Matika Wilbur y Adrienne Keene (https://www.allmyrelationspodcast.com/)

PELÍCULAS Y DOCUMENTALES

13th [Enmienda XIII], dirigida por Ava DuVernay

When They See Us [Así nos ven], dirigida por Ava DuVernay

The Central Park Five [Los cinco del Central Park], dirigida por Ken Burns, David McMahon y Sarah Burns

I Am Not Your Negro [No soy tu negro], dirigida por Raoul Peck

The Color of Fear [El color del miedo], dirigida por Lee Mun Wah

The Naked Truth: Death by Delivery [La verdad desnuda: muerte por parto], dirigida por Lyttanya Shannon (https://fusion.tv/story/389865/women-fight-black-maternal-mortality/)

White People [Gente blanca], dirigida por José Antonio Vargas (https://www.youtube.com/watch?v=_zjj1PmJcRM)

Notas

1   *White supremacy* [Supremacía blanca]. (s.f.). En *Wikipedia*. Recuperado el 19 de agosto de 2020 de https://en.wikipe-dia.org/wiki/White_supremacy.

2   McIntosh, P. (1988). *White Privilege and Male Privilege: A Personal Account of Coming to See Correspondences through Work in Women's Studeies* [Privilegio blanco y privilegio masculino: un relato personal de identificar correspondencias a través del trabajo en los estudios sobre la mujer]. *College Art*. Recuperado de https://www.collegeart.org/pdf/diversity/white-privilege-and -male-privilege.pdf.

3   Angier, N. (22 de agosto de 2000). *Do Races Differ? Not Really, Genes Show* [¿Son diferentes las razas? No realmente, los genes lo muestran]. *Nueva York Times*. Recuperado de https://www.nytimes.com/2000/08/22/science/do-races-differ-not-really-genes-show.html.

4   McIntosh, P. (1988). *White Privilege and Male Privilege: A Personal Account of Coming to See Correspondences through Work in Women's Studeies* [Privilegio blanco y privilegio masculino: un relato personal de identificar correspondencias a través del trabajo en los estudios sobre la mujer]. *College Art*. Recuperado de https://www.collegeart.org/pdf/diversity/white-privilege-and -male-privilege.pdf.

5   DiAngelo, R. (2018). *White Fragility: Why It's So Hard for White People to Talk about Racism* [Fragilidad blanca: por qué es tan difícil para las personas blancas hablar sobre racismo] (p.103). Boston: Beacon Press.

6   Saad, L. F. (15 de agosto de 2007). *I Need to Talk to Spiritual White Women about White Supremacy (Part One)* [Necesito hablar con mujeres

espirituales blancas acerca de la supremacía blanca (primera parte)]. Layla F. Saad [Blog]. Recuperado de http://laylafsaad.com/poetry-prose/white-women-white-supremacía-1.

7 Mohamed, F. (17 de septiembre de 2018). *Serena Williams: A Case Study in Misogynoir* [Serena Williams: un caso de estudio en misoginoir]. *Teen Eye Magazine.* Recuperado de http://www.teeneyemagazine.com/5583952be-4b08f78c1d-da44d/2018/9/9/serena-williams-a-case-study-in-misogynoir.

8 Fleming, C. (13 de septiembre de 2018). *Serena Williams: The Greatest Player of All Time and A Classic Case of Misogynoir* [Serena Williams: la mejor jugadora de todos los tiempos y un clásico caso de misoginoir]. *Newsweek.* Recupeado de https://www.newsweek.com/serena-williams-greatest-player-all-time -and-classic-case-misogynoir-opinion-1119510.

9 Rankine, C. (2014). *Citizen: An American Lyric* [Ciudadana: una lírica estadounidense] (p.32.). Minneapolis: Grey Wolf Press.

10 Sarkis, S. A. (22 de enero de 2017). *11 Warning Signs of Gaslighting* [11 señales de advertencia de la manipulación psicológica luz de gas]. *Psychology Today.* Recuperado de https://www.psychologytoday.com/us/blog/here-there-and-everywhere/201701/11-warning-signs-gaslighting; Porzucki, N. (14 de octubre de 2016). *Here's Where 'Gaslighting' Got Its Name* [Aquí es donde la manipulación 'luz de gas' obtuvo su nombre]. *The World,* Public Radio International. Recuperado de https://www.pri.org/stories/2016-10-14/heres-where-gaslighting-got-its-name.

11 Merriam-Webster. (s.f.). Superior. En *Merriam-Webster.com dictionary.* Recuperado el 19 de agosto de 2020 de http://unabridged.merriam-webster.com/collegiate/superior.

12 *LDF Celebrates the 60th Anniversary of Brown v. Board of Education: The Significance of 'The Doll Test* [El Fondo de Defensa Legal celebra el 60 aniversario de Brown vs. Junta de Educación: la importancia de 'la prueba de la muñeca'] (s.f.). En *Fondo de Defensa Legal y Educación de NAACP.* Recuperado el 19 de agosto de 2020 de https://www.naacpldf.org/ldf-celebrates-60th-anniversary-brown-v-board-education/significance-doll-test/.

13 *Study: White and Black Children Biased Toward Lighter Skin* [Estudio: niños blancos y negros predispuestos a la piel más clara] (14 de mayo de 2010). En *CNN.* Recuperado de http://edition.cnn.com/2010/US/05/13/doll.study/index.html.

14 King Jr., M. L. (16 de abril de 1963). *Letter from a Birmingham Jail* [Carta desde una cárcel de Birmingham]. Recuperado de https://kinginstitute.stanford.edu/king-papers/documents/letter-birmingham-jail.

¹⁵ Pence, E. (1982). *Racism—A White Issue* [Racismo: un problema blanco]. En A. (Gloria T.) Hull, P. B. Scott y B. Smith (Eds.), *All the Women Are White, All the Blacks Are Men, But Some of Us Are Brave* [Todas las mujeres son blancas, todos los negros son hombres, pero algunas de nosotras somos valientes]. Nueva York: The Feminist Press.

¹⁶ Bonilla-Silva, E. (2010). *Racism Without Racists: Color-Blind Racism and the Persistence of Racial Inequality in Contemporary America (3rd ed)* [Racismo sin racistas: el racismo ciego al color y la persistencia de la desigualdad racial en Estados Unidos] (3ra ed.). Lanham, MD: Rowman & Littlefield.

¹⁷ Bonilla-Silva, E. (2010). *Racism Without Racists: Color-Blind Racism and the Persistence of Racial Inequality in Contemporary America* (3rd ed) [Racismo sin racistas: el racismo ciego al color y la persistencia de la desigualdad racial en Estados Unidos] (3ra ed.). Lanham, MD: Rowman & Littlefield.

¹⁸ Merriam-Webster. (s.f.) Antinegro. En *Merriam-Webster.com dictionary*. Recuperado el 19 de agosto de 2020 de http://unabridged.merriam-webster.com/collegiate/antiblack

¹⁹ Chuba, K. (5 de diciembre de 2018). *Viola Davis Proclaims 'I Cannot Lead with Bull—' at Hollywood ReporterWomen in Entertainment Event* [Viola Davis anuncia 'No puedo lidiar con esta mier—' en el evento de las Mujeres en el Entretenimiento organizado por *Hollywood Reporter*]. *Hollywood Reporter*. Recuperado de https://www.hollywoodreporter.com/news/viola-davis-proclaims-i-cannot-lead-bull-thr-wie-2018-1166333.

²⁰ Harris-Perry, M. V. (2011). *Sister Citizen: Shame, Stereotypes, and Black Women in America* [Hermana ciudadana: vergüenza, estereotipos y mujeres negras en Estados Unidos]. New Haven, CT: Yale University Press.

²¹ *Pregnancy Mortality Surveillance System* [Sistema de vigilancia de la mortalidad en el embarazo]. (7 de agosto de 2018). Centros para el Control y la Prevención de Enfermedades. Recuperado de https://www.cdc.gov/reproductivehealth/maternalinfanthealth/pregnancy-mortality-surveillance-system.htm.

²² Harris-Perry, M. V. (2011). *Sister Citizen: Shame, Stereotypes, and Black Women in America* [Hermana ciudadana: vergüenza, estereotipos y mujeres negras en Estados Unidos] (p.71). New Haven, CT: Yale University Press.

²³ Bailey, M. (14 de marzo de 2010). *They Aren't Talking about Me* [No están hablando de mí]. Crunk Feminist Collection. [Blog]. Recuperado de

http://www.crunkfeministcollective.com/2010/03/14/they-arent-talking-about-yo/

24 Hanna, J., Sgueglia, K. y Simon, D. (3 de mayo de 2018). *The Men Arrested at Starbucks Are Paying It Forward Big Time* [Los hombres arrestados en Starbucks están devolviendo el favor a lo grande]. *CNN.* Recuperado de https://www.cnn.com/2018/05/03/us/Starbucks-arrest-agreements/index.html.

25 Magical_Negro [El negro mágico]. (s.f.). En Wikipedia. Recuperado el 19 de agosto de 2020 de https://en.wikipedia.org/wiki/Magical_Negro.

26 Goff, P. et al. (2014). *The Essence of Innocence: Consequences of Dehumanizing Black Children* [La esencia de la inocencia: las consecuencias de deshumanizar a los niños negros]. *Journal of Personality and Social Psychology,* 106(4), 526–545.

27 Epstein, R., Blake, J. J. y González, T. (27 de junio de 2017). *Girlhood Interrupted: The Erasure of Black Girls' Childhood* [Niñez interrumpida: la supresión de la infancia de las niñas negras]. *Centro de pobreza y desigualdad de Georgetown.* Recuperado de https://www.law.georgetown.edu /poverty-inequality-center/wp-content/uploads/sites/14/2017/08/girlhood-interrupted.pdf.

28 Epstein, R., Blake, J. J. y González, T. (27 de junio de 2017). *Girlhood Interrupted: The Erasure of Black Girls' Childhood* [Niñez interrumpida: la supresión de la infancia de las niñas negras]. *Centro de pobreza y desigualdad de Georgetown.* Recuperado de https://www.law.georgetown.edu /poverty-inequality-center/wp-content/uploads/sites/14/2017/08/girlhood-interrupted.pdf.

29 Moye, D. (20 de junio de 2018). *Black Texas Teenager Brutalized in 2015 Finally Gets Her Pool Party* [La adolescente negra de Texas brutalizada en 2015 finalmente obtiene su fiesta en la piscina].*Huffington Post.* Recuperado de https://www.huffingtonpost.ca/entry/dajerria-becton-pool-party-viral-video_n_5b2a751be4b0a4dc99233e9d.

30 Para un desglose adicional de estos grupos, consultar DiAngelo, R. (2012). *What Does It Mean to Be White? Developing White Racial Literacy* [¿Qué significa ser blanco? Desarrollando la alfabetización racial blanca]. Nueva York: Peter Lang., especialmente el Capítulo 15, Racism and Specific Racial Groups. [Racismo y grupos raciales específicos].

31 Oluo, I. (2018). *So You Want to Talk about Race* [Entonces quieres hablar de raza] (p.134). Nueva York: Seal Press

[32] *What Is Allyship? Why Can't I Be an Ally* [¿Qué es el apoyo aliado? ¿Por qué no puedo ser un aliado?]. (22 de noviembre de 2016). *PeerNetBC*. Recuperado de http://www.peernetbc.com/what-is-allyship.

[33] Merriam-Webster. (s.f.). *Apathy* [Apatía]. En *Merrian-Webster.com dictionary*. Recuperado el 19 de agosto de 2020 de http://unabridged.merriam-webster.com/collegiate/apathy.

[34] Rao, S. (18 de febrero de 2016). *#TBT to When Toni Morrison Checked Charlie Rose on White Privilege* [Recordando cuando Toni Morrison cuestionó y habló a Charlie Rose sobre el privilegio blanco]. *Colorlines*. Recuperado de https://www.colorlines.com/articles/tbt-when-toni-morrison-checked-charlie-rose-white-privilege.

[35] Rao, S. (18 de febrero de 2016). *#TBT to When Toni Morrison Checked Charlie Rose on White Privilege* [Recordando cuando Toni Morrison cuestionó y habló a Charlie Rose sobre el privilegio blanco]. *Colorlines*. Recuperado de https://www.colorlines.com/articles/tbt-when-toni-morrison-checked-charlie-rose-white-privilege.

[36] Diccionario Oxford. (s.f.). *Tokenism* [tokenismo]. En *Oxford Dictionaries.com*. Recuperado el 19 de agosto de 2020 de https://en.oxford-dictionaries.com/definition/us/tokenism.

[37] Watkins, E. y Phillip, A. (12 de enero de 2018). *Trump Decries Immigrants from 'Shithole Countries' Coming to US* [Trump critica a inmigrantes de 'países de mierda' que vienen a EE. UU.]. *CNN*. Recuperado de https://www.cnn.com/2018/01/11/politics/immigrants-shithole-countries-trump/index.html.

[38] Cole, T. (21 de marzo de 2012). *The White-Savior Industrial Complex* [El complejo industrial del salvador blanco]. *The Atlantic*. Recuperado de https://www.theatlantic.com/international/archive/2012/03/the-white-savior-industrial-complex/254843/.

[39] Cole, T. (21 de marzo de 2012). *The White-Savior Industrial Complex* [El complejo industrial del salvador blanco]. *The Atlantic*. Recuperado de https://www.theatlantic.com

[40] Wu, C. [@ConstanceWu]. (29 de julio de 2016). *Can We All at Least Agree* [Podemos todos al menos estar de acuerdo] [Tweet].Twitter. https://twitter.com/ConstanceWu/status/759086955816554496

[41] DiAngelo, R. (2011). *White Fragility* [Fragilidad blanca] (pp.54-70). *International Journal of Critical Pedagogy* 3, (3).

[42] Ahmad, A. (2 de marzo de 2015). *A Note on Call-Out Culture* [Una observación sobre la cultura de cuestionar en público]. *Briarpatch*. Recuperado de https://briar-patchmagazine.com/articles/view/a-note-on-call-out-culture.

[43] Según lo citado y parafraseado por Oprah. Winfrey, O. (mayo de 2013). Oprah Talks to Maya Angelou [Oprah habla con Maya Angelou]. *O Magazine*. Recuperado de http://www.oprah.com/omagazine/maya-angelou-interviewed-by-oprah-in-2013..

[44] Feminism [Feminismo]. (s.f.). En *Wikipedia*. Recuperado el 19 de agosto de 2020 de https://en.wikipedia.org/wiki/Feminism.

[45] *White feminism* [Feminismo blanco]. (s.f.). En *Wikipedia*. Recuperado el 19 de agosto de 2020 de https://en.wikipe-dia.org/wiki/White_feminism.

[46] Hooks, B. (2004). *We Real Cool: Black Men and Masculinity* [Somos realmente geniales: hombres negros y masculinidad] (p.57). Nueva York: Routledge.

[47] Wagner, S. R. (Ed.) (2019). *The Women's Suffrage Movement* [El movimiento del sufragio de la mujer] (p.404). Nueva York: Penguin.

[48] Zahniser, J. D. y Fry, A. R. (2014). *Alice Paul: Claiming Power* [Alice Paul: reclamando poder] (p.138). Oxford: Oxford University Press.

[49] Watson, E. (31 de diciembre de 2018) *First Book of 2018! Why I'm No Longer Talking to White People about Race by Reni Eddo-Lodge* [¡Primer libro de 2018! *Por qué ya no hablo de raza con la gente blanca* por Reni Eddo-Lodge]. Anuncios del club de lectura Shared Shelf, Goodreads.Recuperado de https://www.goodreads.com/topic/show/19152741-first-book -of-2018-why-i-m-no-longer-talking-to-white-people-about-race.

[50] Burrell, B.C. (2004). *Women and Political Participation: A Reference Handbook* [Mujeres y participación política: un manual de referencia] (p.185). Santa Bárbara, CA: ABC-CLIO.

[51] Thomas, T. (Primavera 2004). *Intersectionality: The Double Bind of Race and Gender* [Interseccionalidad: el doble vínculo de raza y género]. *Perspectives 2*. Recuperado de https://www.americanbar.org/content/dam/aba/publishing/perspec-tives_magazine/women_perspectives_Spring-2004CrenshawPSP.authcheckdam.pdf.

[52] Emily Fornof, E., Pierre, N. y Lopez, C. (4 de octubre de 2017). *Kimberlé Crenshaw: Race Scholar Speaks on Erasure of Women of Color* [Kimberlé Crenshaw: investigadora de temas raciales habla sobre la supresión de las mujeres de color]. *Tulane Hullabaloo*. Recuperado de https://tulane-hulla-baloo.com/30450/intersections/kimberle- crenshaw-3 /.

[53] Sitio web de La vía del círculo, http://www.thecircleway.net/.

[54] Baldwin, C. y Linnea, A. (2010). *The Circle Way: A Leader in Every Chair* [La vía del círculo: un líder en cada silla] (p.144). San Francisco: Berrett-Koehler Publishers.

[55] Walker, A. (1983). *In Search of Our Mothers' Gardens* [En busca de los jardines de nuestras madres] (p.290). Orlando, FL: Harcourt Inc.

[56] DiAngelo, R. (2018). *White Fragility: Why It's So Hard for White People to Talk about Racism* [Fragilidad blanca: por qué es tan difícil para las personas blancas hablar sobre racismo] (p.103). Boston: Beacon Press.

[57] McIntosh, P. (1988). *White Privilege and Male Privilege: A Personal Account of Coming to See Correspondences through Work in Women's Studeies* [Privilegio blanco y privilegio masculino: un relato personal de identificar correspondencias a través del trabajo en los estudios sobre la mujer]. *College Art*. Recuperado de https://www.collegeart.org/pdf/diversity/white-privilege-and -male-privilege.pdf.

[58] Diccionario Oxford. (s.f.). *Tokenism* [tokenismo]. En *Oxford Dictionaries. com*. Recuperado el 19 de agosto de 2020 de https://en.oxford-dictionaries.com/definition/us/tokenism.

Agradecimientos

Ningún trabajo creativo se produce de la nada, y ningún creador realmente crea solo. Es mi intención y deseo que *Yo y la supremacía blanca* sea parte del legado que dejo atrás como antepasado vivo en el presente y como un buen antepasado cuando yo me haya ido. Pero no podría haber hecho este trabajo sin el apoyo y las oraciones de muchas personas, tanto de mi comunidad personal como de la comunidad global.

Gracias, Dios, por la perspicacia, la paciencia y el amor concedidos para hacer este trabajo con integridad. Gracias a mi esposo, Sam, quien desde el primer día ha sido mi mayor apoyo, y a mis hijos, Maya y Mohamed, quienes son mis mayores inspiraciones. Gracias a mis padres, que me inculcaron la importancia de hacer lo que sea necesario para dejar este mundo mejor de lo que lo encontré.

Gracias a mi círculo sagrado de apoyo, Sharona Lautoe, Leesa Renee Hall, Rasha Karim, Latham Thomas, Omkari Williams y mi mentora y amiga Frantonia Pollins. Gracias a los educadores, activistas y escritores negros de los que he tenido el distintivo honor de aprender durante este trabajo tan importante y exigente.

Gracias a los antepasados literarios que han influido en mi sanación como mujer negra y como escritora negra: Audre Lorde, Octavia Butler y la homónima de mi hija, Maya Angelou.

Gracias a mi agente, Katherine Latshaw, y a mis editores en Sourcebooks, que han sido fundamentales para ayudarme a convertir *Yo y la supremacía blanca*, el cuaderno digital de ejercicios gratuito en *Yo y la supremacía blanca*, el libro ampliado y publicado. Las palabras no pueden expresar lo agradecida que estoy por las formas en que me han apoyado a mí y a este trabajo para que se convierta en lo que es ahora.

Gracias a los fundadores del proceso La Vía del Círculo, Christina Baldwin y Ann Linnea, quienes han sido buenos antepasados con nosotros al presentar un proceso y una metodología que nos une en círculo para una labor que importa.

Finalmente, gracias a todos los que han acogido *Yo y la supremacía blanca* en sus vidas personales, familias, institutos educativos, negocios, espacios sociales, espacios espirituales, organizaciones sin fines de lucro, comunidades e industrias. Gracias por no solo leer, sino por hacer el trabajo con la intención de crear un mundo nuevo donde las personas negras, las personas indígenas y las personas de color vivan con dignidad e igualdad.

Sobre la autora

LAYLA F. SAAD es una escritora, conferencista y presentadora de podcasts sobre temas de raza, identidad, liderazgo, transformación personal y cambio social respetada a nivel mundial. Como una mujer de África oriental, árabe, británica, negra y musulmana que nació y creció en Occidente y vive en el Medio Oriente, Layla siempre se ha encontrado en una intersección única de identidades desde la cual es capaz de dibujar perspectivas ricas e interesantes. El trabajo de Layla está impulsado por su poderoso deseo de convertirse en un buen antepasado, de vivir y trabajar de una manera que deje un legado de sanación y liberación para aquellos que vendrán después de que ella se haya ido.

Yo y la supremacía blanca es el primer libro de Layla. Inicialmente ofrecido de manera gratuita después de un desafío de Instagram con el mismo nombre, el cuaderno de ejercicios digital *Yo y la supremacía blanca* fue descargado por cerca de noventa mil personas en todo el mundo en el espacio de seis meses antes de convertirse en un libro publicado de forma tradicional. El trabajo de Layla ha sido acogido en hogares, instituciones educativas y lugares de trabajo en todo el mundo que buscan crear un cambio personal y colectivo.

Layla obtuvo su licenciatura en derecho por la Universidad Lancaster en el Reino Unido. Ella vive en Doha, Qatar, con su esposo, Sam, y sus dos hijos, Maya y Mohamed.

Para obtener más información, recursos o consejos sobre cómo trabajar con este libro, visita meandwhitesupremacybook.com. Para leer más de la escritura de Layla, escuchar sus podcasts, suscribirse a su boletín informativo o averiguar acerca de sus charlas y para otras solicitudes de prensa, visita laylafsaad.com. También puedes apoyar su trabajo a través de Patreon en patreon.com/laylafssad y seguirla en Instagram @laylafsaad.